The 1st step to data analysis

1
からの
データ分析

古川一郎
上原 渉 編著

発行所：碩学舎
発売元：中央経済社

序　文

課題解決にデータ分析の裏付けを

　ここ数十年で社会を取り巻く環境は大きく変わった。変化を主導した原動力は言うまでもなくコンピュータの進化とインターネットとの融合、データの測定技術や情報処理技術の進展であり、このような環境変化を背景にした情報処理コストの劇的な低下である。私たちがスマホを手放せなくなっていることからもわかるように、社会を取り巻く情報空間は加速度的に膨張し、日常生活の隅々まで浸透するようになった。キャッシュレス決済やＥコマースが一般化する中で、企業対消費者ばかりでなく消費者対消費者のコミュニケーションも日常的になった。ビジネスの現場でも、テレビ中心のコミュニケーションから、SNSを中心に据えて多様なメディアのミックスを考えたコミュニケーションの方法が模索され、消費者の購買行動も詳細かつ膨大なデータが蓄積され続けている。

　このようなデジタル社会では、データを収集したり分析したりすることが従来に比べて格段に容易かつ安価になり、多くの分野でデータ分析に基づいた決定がなされるようになってきている。すなわち、急速に変化するマクロ環境の中で、さまざまな課題解決に直面する多くの人々にとって、データを活用する能力向上が求められるようになってきているのである。

　ところで、私たちの社会は、多くの人々が関係し協力することで成り立っている。何事も一人で出来ることは限られているので、人々は分業と協業によりさまざまな課題を解決するための仕組みや制度を作ってきた。しかし実際には、同じ目的や理想を目指して人々が協力するのはそれほど簡単でも単純でもない。だから、近年リモートワークといった新しい働き方が急速に普及する中で、多くの企業・組織が共創や協働といった問題に関心を寄せているのである。

　したがって、デジタル社会に移行する中で、データ分析の手法が使えるようになることも必要であろうが、多くの人々がデータ分析に期待していることは、課題解決に際して個人の場当たり的な推測に基づくのではなく、データを活用することで実践的な成功確率を高めることであろう。さらに、課題解決のための実践的かつ説得力のある見通しを示すことが重要であり、そのための手段としてデータ分析を考

えなくてはならない。データ分析の結果を活用して目標達成までのプロセスをストーリーとして作成しそれを関係者と共有することで、共創、協働を促進することが重要なのである。

アクティブ・ラーニングのすすめ

　本書はデータ分析の初歩的な教科書であるが、類書と比べて次のような非常にユニークな特徴を持っている。それは、何らかの課題に直面している主人公が、データを収集し分析することで課題解決に向き合っていくという架空の物語の中で、基礎的なデータ分析の手法の説明がなされている点である。これは、従来の教科書では理論や手法の正確な知識の説明に注力するため読者はそのような知識を理解することに集中し、手段であるべきデータ分析の手法の知識が実践の場における課題解決にどのようにつながっていくかというイメージを持って学習を進められないという問題点があるからである。初等統計学の本でも数理的で厳密な議論へとつなげるための論理展開が中心となっている。このようなアプローチは効率的に数理的な知識を習得するためには有効であるが、実践的な側面に関心のあるデータ分析の初学者にとっては、なぜそのような知識が必要かを理解することにつながっていかない。

　特に、経営学部や商学部で学んでいる学生にとっては、この問題は深刻である。それは経営学やマーケティングで扱われている現象は多くの要因が複雑に絡んでおり、統計学の知識がどのように現象の解明に役立つのかイメージするのが難しいからである。この問題を克服するために、本書では物語の中で統計的手法が実践的に使われる事例を示すことで、データの収集、分類、比較、因果関係の推論といった内容が理解できるように工夫されている。

　読者は、ぜひ架空の物語の登場人物になったつもりで読み進んでいただきたい。このような擬似体験的なアクティブ・ラーニングを通じて、データ分析を課題の解決に活用するという実践的な感覚が身につくはずである。幸いなことに、現在ではパソコンのソフトを使えば、非常に高度なデータ分析も容易に行えるようになってきている。そこで、本書ではインターネットとパソコンとエクセル（マイクロソフト社の表計算ソフト）が利用可能であることを前提に、基礎的で実践に役立つ統計手法を、読者が実際に手を動かしてデータ分析を体験しながら理解できるように工夫されている。

説得力のある結果を出すためのデータ分析サイクル

　本書は5つのユニットに分かれている。統計的な手法について説明するユニット（第1章と第V部）と、4つの架空の物語の中でさまざまな手法の説明がなされるユニット（第I部～第IV部）である。物語が展開される各ユニットは3章構成になっており、まず課題に関わる理論が説明され、データ収集について説明され、最後にデータ分析と最初の課題との対応が検討されるというイメージで構成されている。**図序-1**を参照してもらいたい。

【図序-1　課題解決のためのデータ分析サイクル】

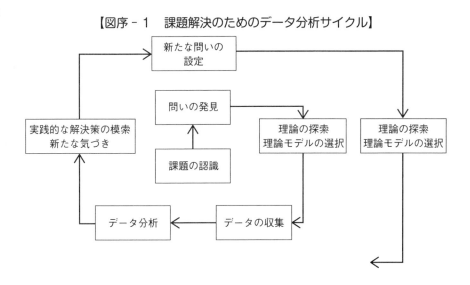

　データ分析は、問題だと認識された何らかの課題の解決を意図して行われる。したがって、まず課題を解決するプロセスに関わる理論の探索が必要になる。第1章で詳しく説明するように、理論とは、自ら行ったデータ分析の結果を解釈することをサポートする助っ人である。理論の探索は、課題解決につながる問いの発見（見通しや仮説と考えてもいい）に対応するので、問いの発見ができなければ実は理論の探索も難しい。この問いを見つける力は、常日頃、理論と身の回りで起きている現象との関連性を意識して鍛えていないと向上しない。読者は各ユニットの登場人物がどのような問いを考えたかに注目して読み進めていただきたい。課題解決につながる問いを明確に意識することができれば、最近ではインターネットで簡単に関連する理論を調べることができる。

　このような理論を探索することが必要になるのは、次の2つの理由である。第1

に、分析結果の説得力が増すからである。マーケティングに関する課題なら、マーケティング理論の中から適切なものを探せばいい。したがって、可能な限り強力な助っ人（理論）を探すことが重要である。独り善がりで自己流の理論は自己満足に終わってしまい、人々を説得する力に乏しい。

　第2に、優れた理論はどのようなデータを収集するべきか、どのように分析するべきかを教えてくれる。データは事実上無限にあり、収集すべきデータを選択することはデータが溢れる社会になったといわれる中にあっても非常に重要である。なぜなら収集されたデータはデータ分析の結果に直結するからである。課題解決に関係のないデータを大量に収集し、いくら精緻な分析を行っても無意味である。大量にデータがあれば何とかなるかもしれないと考えるのは誤った考え方である。

　集められたデータは、理論モデルに沿って分析されるが、データの可視化、データの分類、グループ間の比較や因果関係の推論などが、最初に設定した問いに対応して行われる。分析結果は元々の課題に対して慎重に検討され、実践的な解決策が模索される。図序－1はこのようなデータ分析のサイクルを示している。

　この段階で、別の課題を解決するための新たな問いに気づくことはよくあることである。もし、新たな問いかけが非常に重要であると判断したら、もう一度サイクルを回さなくてはならない。もう一度サイクルを回したら、もっと良い問いが見つかるかもしれない。そうしたら、もう一度サイクルを回せばいい。分析結果は課題解決に向かってどんどん洗練されていくはずである。本書では、各ユニットの結論がオープンエンドになっているのは、こういう理由である。

　読者にとって本書の内容は易しいと感じるかもしれないが、誰でも新たな課題に直面すると、どこから手をつけたら良いのかわからなくなるのが普通である。そうならないために、読者にはぜひ各章の「考えてみよう」にチャレンジしてもらいたい。そして、試行錯誤を繰り返し実体験することで、データ分析のサイクルを実感していただきたい。なお、本書の学び方の詳細は第1章でも説明されている。

　本書は、社会科学系の大学生が、社会の中で私たちが直面するさまざまな課題を解決するために、経営学・マーケティングやデータ分析の知識をどのように組み合わせて利用したらいいのか、優れたレポートや論文を書くためにデータ分析の力をうまく活用するためにはどうしたらいいのかを理解していただきたい、という願いから書かれている。また、レポートや論文を書くこと、そしてそのためにデータ分析を行うことは、理論と実践のバランスの取れた実践力を身につけるためのトレーニングとして非常に優れた方法であると、私たちは考えている。コンピュータが身

近なものになり使い勝手のいいプログラムが利用できる中にあって、本書を通じて
数学が必ずしも得意でない人でもデータ分析は身近で楽しいものだと感じるように
なっていただけたら幸いである。

2022年6月

執筆者を代表して　**古川　一郎**

CONTENTS

1

第Ⅱ部　顧客満足度調査から相関分析を学ぶ

第Ⅳ部　国のイメージ調査から回帰分析を学ぶ

第Ⅴ部　理論とデータで世の中を説明する

第1章
第2章
第3章
第4章
第5章
第6章
第7章
第8章
第9章
第10章
第11章
第12章
第13章
第14章
第15章

第 1 章

研究の進め方とデータ分析

1 はじめに

　この教科書の狙いは、社会のさまざまな側面に関して学んでいる社会科学を専攻する大学生が、レポート課題や卒業論文を作成するために、テーマ選びや理論、仮説、仮説を示すために最低限必要となるデータ分析の手法までを見通しよく解説することである。本書の特徴は２つある。１つは、データ分析を中心として、理論とデータはどのような関係にあるのか、データを手に入れるためにはどうしたら良いか、分析の結果からどのようなことが言えるのかといった、データ分析の前後も併せて解説していることである。

　もう１つの特徴は、第２章から第13章までが３章ごとのユニットとなっており、１つのテーマに沿ってデータ分析を含む研究・調査プロセスを学ぶストーリーになっている点である。具体的には、第Ⅰ部は観光を、第Ⅱ部は美術館の消費者の満足度調査を、第Ⅲ部では広告会社の広告制作を、第Ⅳ部では国のイメージと製品の国際マーケティングを題材にして、データ分析のさまざまな手法について学ぶ。データを分析するプロセスの中で問いが深まり、徐々に結論にたどり着くプロセスが、若手社会人たちが格闘するストーリーの中で記述されている。

　調査・分析プロセスを読者が追体験することで、皆さんが独力でレポートや卒業論文を書けるようになることが、この教科書の到達目標である。

第Ⅰ～Ⅳ部のストーリーで登場する若手社会人たち

2 データ分析と理論の関係

　皆さんは、社会現象（世の中のさまざまな出来事のこと）を説明するために、理論を学んだり、データを収集・分析したりする。序文で触れたように、理論はデータ分析の結果を解釈するときに役立つ。それを具体例で考えてみよう。

　例えば、同じような性能や品質の製品Ａと製品Ｂがあるとしよう。価格がより高い製品Ａがそれよりも安い製品Ｂよりも売れ行きが良いとしたら、それはなぜだろうかという疑問が生じる。性能や品質が同じであれば、価格が安い方が売れると考えるのが常識だからである。ではこの現象を理論とデータから説明してみよう。

　ある人は価格のシグナリング効果という理論を用いて説明をするかもしれない。この理論は、製品の品質を客観的に評価できないときに、価格が品質評価の手掛かりとなって、価格が高いものの方が品質が良いはずだと判断することを説明している。また別の人はＡとＢの性能・品質に関する質問票調査（いわゆるアンケート調査のこと）を実施し、（実際の品質ではなく）消費者が主観的に感じた品質（これを知覚品質と言う）の違いをデータから明らかにし、Ａの売り上げを説明しようとするだろう。製品Ｂよりも製品Ａの方が消費者から性能・品質が高いと思われていたら、価格が相対的に高い製品Ａが売れていることは不思議ではないだろう。

　さて、上記の理論による説明とデータによる説明とは、どちらがもっともらしいと言えるのだろうか。２つの説明はよく似ているように見えるが、実は原因と結果の関係が異なっている。理論（シグナリング効果）による説明では、Ａの価格が高いことが原因で品質が高く評価され、その結果として売り上げが高いのだろうと考えている。一方、データによる説明では、理由はわからないがＡの性能・品質が高く評価されることが原因で、価格と性能・品質のバランスからＡの売り上げが高いという結果を導いている。前者は価格が原因、後者は性能・品質の評価が原因である。どちらの説明も一定の説得力があり、どちらの説明の方が優れているとは断定することはできない。

　では、理論とデータ分析を組み合わせてみたらどうだろうか。価格のシグナリング効果を理論として採用してデータ分析をしてみよう。**表１－１**のように、製品Ａと製品Ｂの評価、価格を製品Ｂと同じまで下げた製品Ａ（製品Ａ'）の評価、価格を製品Ａと同じまで上げた製品Ｂ（製品Ｂ'）の評価という４つを測定する。この

ときに、どのパターンの評価が高くなるだろうか。価格のシグナリング理論の予測に従えば、製品Aの評価と製品B'の評価が同程度に高く、製品Bの評価と製品A'の評価とが同程度に低い、ということになるだろう。もしこれらの予測がデータ分析によって確かめることができれば、理論とデータが組み合わさった、説得力が高い説明となるだろう。

【表1－1 製品の価格と評価】

	価格	実際の評価	シグナリング理論で予想される評価
製品A	1,200円	3	3
製品B	1,000円	2	2
製品A'	1,000円	－	2
製品B'	1,200円	－	3

　この例からわかるように、理論とデータをどちらか一方を使うのではなく両方を使って考えることが重要である。本書はデータ分析の教科書であるが、理論とデータを組み合わせることを重視している。それによって興味がある出来事が生じた理由を、より説得的に説明できるようになるはずである。

3 テーマ探しからデータ収集までの研究の流れ

　授業のレポートや卒業論文を書くときの研究の要素は、課題の認識（テーマの設定）、理論の探索、仮説の設定、データ収集・分析、結論・含意の考察である。必ずしもこの順序でなければいけないわけではないが、ここではテーマ探しからデータ収集までの流れを簡単に紹介する。

◆ テーマを決める：「不思議」を探す

　興味深いテーマを設定することは、実はとても難しい。レポートのテーマを自由に決められるとしても、何でも調べれば良いわけではない。あなたが普段から興味・関心を持っている社会現象があれば良いのだが、事前知識がない状態でテーマ

を見つけようとすると、どのようなテーマが興味深いのかわからないだろう。せっかく思いついたテーマであっても指導教員に「面白くない」と思われてしまうかもしれない。どのようなテーマが良いテーマになるのだろうか。

　答えを先に書くと、多くの人が「不思議だ」と感じる現象を扱うことが良いテーマへの近道である。皆さんが「不思議だ」と感じるときは、どのようなときだろうか。なぜそれを不思議だと感じるのであろうか。例えば、空が青く見えるのが不思議だとすると、それは「空気は無色透明なはずなのに」という前提がある。その前提とは違う状況、ここでは空には無色透明な空気しかないはずなのに、青く見えるという状況が「不思議だな」という感情を引き起こしている。言い換えれば、前提知識がないと何も不思議に感じることができない。また知識があっても好奇心がなければ、前提知識と比較することなく「空が青いのは当たり前だ」と思ってしまい、不思議だという感情は生まれてこない。不思議さを生み出すのは、事前の知識と起きている現象とを比べてみようと思う好奇心なのである。

　研究のテーマも同様である。一般的に、レポートや卒業論文のテーマに必要なのは「なぜ（Why）」という問いであると言われている。「なぜ」という問いが生まれるためには、「普通に考えたら当たり前の状態」と、「それとは違うことが起きている状態」が必要である。前者がなければ後者にも気づくことができないので、前者の「普通に考えたら当たり前の状態」を知っておく必要がある。当たり前の状態を教えてくれるのが専門知識であり、これが世の中の出来事を観察するためのメガネとなる。これらを教えてくれるのが大学の授業や教科書である。したがって、授業のレポートのテーマを決めるときには、授業で習った知識や教科書に書かれている内容を基準に、それとは違うことが起きている状態を探すと、テーマに近づく第一歩となる。

　もう1つの問いに「どうやって（How）」がある。望ましい状態に至るためのプロセスについて考えるものだ。しかし、「どうやって」という方法を考える問いは、最終的に「なぜ」の問いに帰着することができる。「どうやって」の問いは、分析対象が現在置かれている状態が望ましい状態ではなく、理想の状態を実現するための方策を考える問いだと言える。つまり、分析対象の現状を把握したうえで、望ましい状態に至るためのプロセスにおいて障害になっているものを特定し、「なぜそれが難しいのか、なぜそれができないのか」を問うことになる。

　例えば、「あるコンビニエンスストア（コンビニ）の売り上げを、競合するコンビニと同程度まで伸ばすにはどうしたらよいか」を考えるために、店内の品揃えと

5

顧客ニーズに注目する。望ましい状態は、顧客ニーズに合った品揃えが実現していることだ。しかし実際には、顧客ニーズを把握することが難しく品揃えとのミスマッチが生じている。顧客ニーズの把握が難しいことは、競合するコンビニでも同様のはずなのに、「なぜ競合店は顧客ニーズを上手に把握できているのだろうか」、「なぜこのコンビニではできないのか」という、「なぜ」の問いが新たに生まれるのである。

　このように、テーマを見つけることは問いを見つけることである。そして面白い問いとは直観的に多くの人が当然だと思っていることを疑う問いである。そのためには理論に関する知識と社会を常に観察する好奇心が必要なのである。

◆ 理論を使う：「不思議さ」を説明する

　社会現象を説明するためには理論が必要であると言われている。経済学、経営学、社会学、心理学など、それぞれの学問分野で独自の理論が考案され利用されている。なぜ理論を使うことが重要なのだろうか。それは現象を観察したり、データを解釈・説明することを助けてくれるからである。

　普及理論という理論を例に説明してみよう。革新性の高い製品やアイディアは、採用する時期によって採用者の性質が変わってくることが知られている。その中でも、比較的早い時期に採用するオピニオンリーダーと呼ばれる人々が、その後に採用する多くの人々（大衆）に影響を与えるため、マーケティング活動の対象として重視されている。いわゆる「インフルエンサー」と呼ばれる人々がこれに当たる。この理論を知っていれば、インスタグラムやYoutubeといったSNSや動画配信サイトで人気のアカウントや配信者が、企業とコラボレーションしたり、一般的なビジネスパーソンの年収を超えるお金を稼いでいる理由をより深く理解することができるだろう。

　つまり、理論を知ることで、社会で起きている現象の一部は理論に基づいて説明可能であることがわかるようになる。さまざまな現象の背後にある原因や意図が透けて見えるようになるのである。

　しかし、理論を知ったからといって常に正しい予測ができるわけでもない。以下の例で考えてみよう。

　例①　「なぜＡさんは、ロゴがプリントされているだけの高額なブランド品を購

入するのであろうか。」
例②　「なぜBさんは、大学生に人気のブランド品を避けるのだろうか。」

　2つの例はブランド品を買う・買わないという正反対の現象を扱っている。例①は、「ロゴがプリントされただけで、製品の品質は変わらないだろう」という前提を置いて、品質が変わらないのに、高額なブランド品を買った理由を考えるためには理論が必要となる。例②の場合は、「みんなが買っている流行のものを買うのが良い」という前提を置いて、それでもブランド品を買わないBさんの消費行動の理由を考えるための理論が必要である。

　Aさんの場合は、顕示的消費という理論で説明できるかもしれない。顕示的消費とは、実用的な価値以上の製品やサービスを消費している状態を周りの人に見せびらかすことによって、所有者の富や地位を示したり、周囲から羨望のまなざしを浴びることを目的に消費することである。この例では、ブランドのロゴがプリントされていることによってその製品が高価格であることが周囲に伝わることを期待して、Aさんはあえて高額な製品を買ったことになる。

　またBさんの場合には、大学生が分離集団になっているのかもしれない。個人の行動に影響を与える社会集団を準拠集団というが、その中でも「この集団とは同じに見られたくない」というネガティブな影響を与える集団のことを分離集団という（普及理論、顕示的消費、準拠集団については姉妹書『1からの消費者行動』で詳しく説明している）。

　このように、買う理由を説明する理論もあれば、買わない理由を説明する理論もある。したがって、ある理論がすべての対象に常に有効であるとか、ある理論による予測が常に正しいということはない。理論を使っても、AさんやBさんとは無関係のCさんがブランド品を買うか、買わないかを、その他の情報なしに正しく予測することはない。

　このように考えると、理論はその適用範囲と適用条件を知ることが重要となる。単に理論を知っているというだけではなく、分析対象としている現象の文脈に合わせてその理論を展開することが重要である。その上で、分析したい現象のどのような側面に焦点を当てたいのかを考えることで、適合する理論が選択できるのである。使う理論が決まると、それに関連する概念（あるいはコンセプトとも呼ぶ）も決まってくる。概念とは、複数の現象や対象を抽象化し、それらが共通して持っている本質的な要素を指す。理論は特定の概念と、その他の概念との間の関係を説明し

たものとも言える。理論が現象の理解を助けてくれるのは、注目している概念とその他の要素とを結び付けてくれるからである。

　例えば、ある製品の売り上げを対象に分析をするときに、全体に占める新規顧客の購買の割合が小さいという側面に注目したとする。このときに考えられる概念は、製品ライフサイクル（成熟期である）や、ブランド・ロイヤルティ（既存顧客が特定のブランドを反復購買すること）、スイッチング・コスト（他の製品に切り替える際に、消費者側にコストが生じるため既存顧客が逃げにくい）、ブランド認知率（良い製品だが知名度が低い）、ニッチ市場（特殊なニーズ・選好を持った消費者向けの製品市場）などである。

　ここでブランド・ロイヤルティという概念を使ってみる。ブランド・ロイヤルティとは、特定のブランドに対して忠誠心を持つことである。関連する概念として、顧客の満足度、製品への愛着、他者への推奨意向といったものが考えられる。顧客のロイヤルティを高める概念であったり、ブランドへのロイヤルティが高いことによって生じる結果としての概念を組み合わせることで、研究全体の概念枠組み（フレームワーク）ができる。この例の場合は、顧客がブランドが提供する価値に満足したり、ブランドへ感情的な思い入れを持つことで、そのブランドを継続的に購買するようになると考えられる。また、ブランド・ロイヤルティが高い人は、そのブランドを他の人にも薦めて購買を促すかもしれない。

　このように考えると、ブランド・ロイヤルティとそれに関連する概念の関係は**図1-1**のように書くことができる。概念枠組みは複数の概念間の因果関係を表す。この枠組みを図示するとき、四角に囲まれたものが概念を、矢印が因果関係を表し、原因から結果に向けて矢印を引く。原因側の変数を独立変数（説明変数）、結果側の変数を従属変数（被説明変数）、それらの間に入る変数を媒介変数という。なお、

【図1-1　概念枠組みの例】

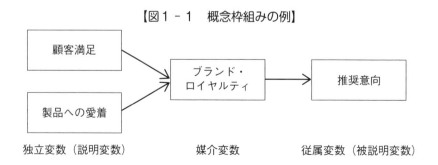

独立変数（説明変数）　　　　　媒介変数　　　　従属変数（被説明変数）

Column 1 - 1

因果関係を見定める

　因果関係は、2つの変数の間で原因と結果の関係を示すものである。2つの変数間に因果関係があるというためには、①原因の時間的先行、②共変関係、③他の条件の同一性という3つの条件を満たす必要である。①は、結果よりも原因が時間的に早く起きているということである。例えば、食べ過ぎという原因によって胃もたれという結果が起きるのであって、逆の順序にはならない。②は、原因と結果の片方が変化するともう片方も変化するということである。例えば、中学校で習ったXとYの一次関数の関係は、Xが変化するとYも一定のルールで変化する状態を表している。③は、原因と結果以外の条件が一定に保たれていることを示している。例えば、注目している2つの変数に影響を与えてしまう、第3の要素がある場合に、本来ならば2つの変数間に直接的な因果関係がなくても、第3の変数の影響で2つの変数の間に共変関係が見られてしまうことがある。この共変関係（相関関係）を因果関係と混同しないように注意が必要である。

　例えば、多くの人のデータを集めた結果、髪の毛の長さと身長が共変関係にあることがわかった。髪の毛が短い人ほど、身長が高い傾向があることがわかったのだ。もしかすると、髪の毛を短くすると頭の重量が軽くなって身長が伸びやすくなるということがあるのだろうか。そんなはずはないと誰もがわかっているが、納得のいく答えを思いついただろうか。

　実は、性別が「その他の条件」として一定ではないことが問題である。女性と比べ男性の方が平均的に身長が高く、髪の毛が短い傾向にある。

　この例では直観的におかしいことがわかるため、疑問をもって妥当な説明を見つけようと頭をひねったはずだ。しかし経営をはじめとした社会現象では、こうした疑念を持つことなく、共変関係を因果関係のように見なしてしまうことがある。3つの条件を念頭に置きながら因果関係を丁寧に読み解くことが重要である。

変数という言葉は抽象的な概念を操作・測定可能な形にしたものである。「測定」については以下で具体的に説明する。「操作」については、第9章第3節の実験を参考にしてもらいたい。

　この概念枠組みは、顧客満足がブランド・ロイヤルティに影響を与える、製品への愛着はブランド・ロイヤルティに影響を与える、といった仮説として考えることができる。仮説は現象を説明するための仮の案のことであり、データ分析でその正しさを確認するための目的になるものである。データを使って仮説を示すことを仮

説検証と呼ぶ（その具体例として、例えば第 9・10 章を見てほしい）。

◆ データを集める・分析する

　対象とする現象や理論、概念、変数が決まると、次に必要なデータを収集することになる。データといってもさまざまな種類があり、詳しい説明は第 14 章で行うが、ここでは質問票調査を想定して概念の測定について説明する。

　基本的には概念枠組みに出てくる変数を測定することになるが、概念をそのまま測ろうとすると難しいことが多い。例えば、ブランド・ロイヤルティを測定するときに、「あなたは A というブランドにロイヤルティがありますか」と聞いても、回答者は困ってしまうだろう。また、この 1 つの質問で、ブランド・ロイヤルティ概念の全体が測定できているのか、いないのか、判断ができない。

　すでに学問的に定義されている概念の多くは、測定するための質問項目が提案されている場合が多い。その場合には、それをそのまま（英語の場合には翻訳して）利用するのが適切である。複数の論文で、異なる質問項目が提案されている場合には、その論文が掲載されている雑誌の質や引用数、質問項目数、調査の文脈の類似性など、調査の目的に応じて選択するとよい。学術誌は大学の図書館で検索したり、Google Scholar（https://scholar.google.co.jp/）で検索することで見つけることができる。

　例えば、ブランド・ロイヤルティの測定項目について調べてみよう。Google Scholar で「brand loyalty」と検索して出てきた論文のうち、マーケティング分野で権威のある雑誌 *Journal of Marketing* に掲載され、2021 年 11 月 14 日時点で 9,209 件の引用がある、Chaudhuri & Holbrook（2001）を採用することに決めたとしよう。この論文によれば、ブランド・ロイヤルティは購買行動に関する 2 項目（「私は次にこの製品を買うときにはこのブランドを買う」と「このブランドを買い続けるつもりだ」）と、態度に関する 2 項目（「私はこのブランドに傾倒している」と「このブランドに対してならば他のブランドよりも高い値段でも喜んで払う」）という 4 項目について、「とてもそう思う（7 点）」〜「全くそうは思わない（1 点）」の尺度で質問している。

　この例では英語の論文を検索しているが、その理由は重要な学術論文の多くは英語で書かれているからである。しかし、検索結果の数が少ないというデメリットがあるものの、日本語の論文を検索しても良い。日本語の論文であれば英語を日本語

Column 1 - 2

「仮説探索型」の研究

　本章では理論を検討することで仮説を導き、それをデータで検証するという研究プロセスを紹介した。しかし、社会科学の研究はこうした「仮説検証型」の研究のみではない。ここでは「仮説探索型」の研究を紹介しよう。社会現象に対して「不思議だな」と感じて、それを研究テーマとするという研究のスタートは両者とも同じである。仮説検証型であれば、ここで既存の理論によって説明することを試みるだろう。しかし、「不思議だな」と感じる現象に対して、全く理論的な手がかりが見つからない場合はどうしたらよいのだろうか。これが仮説探索型の研究となる。

　仮説探索型の研究では、研究対象とする現象が生じる理由を調査によって明らかにしていく。仮説検証型では理論の検討によって概念枠組みを導くが、仮説探索型の研究では概念枠組み（前掲図1-1）を導くことを研究の主要な目的とする。そのためには、調査対象の専門家や関係者へのインタビュー、複数の消費者を集めてディスカッションしてもらうグループ・インタビューなどを通して、結果を引き起こす原因を探索していく。例えば、「なぜ最近かき氷が流行っているのか？」という問いを持ったとしよう。第14章で紹介するGoogleトレンドで検索数が増える時期を特定したり、SNSのハッシュタグ検索を使ってかき氷とタグ付けされた写真や投稿を調べ、どのような消費者がかき氷を消費しているのかを明らかにすることができるだろう。雑誌などのメディアでの取り扱いを調べても良い。こうした調査は仮説を検証するためのものではなく、仮説を新しく作るための調査である。こうした調査によって、例えば若い人にとって、かき氷を消費することの意味が単に屋台で買うもの以上に豊かなものであることや、かき氷を通して行われるコミュニケーションの価値について理解を深め、流行の原因となり得る変数の特定につながるかもしれない。こうして導かれた仮説が探索型の研究の結論となる。

訳する手間が省けるし、翻訳の信頼性も高い。大事なことは、調査者が適当な質問項目を作ってしまうことは避けた方が良いということである。なお、参考にした論文は必ずレポートや論文の最後に「参考文献」として記載することを忘れてはならない。

　概念枠組みに出てくる変数以外にも集めておいた方が良い変数がある。消費者調

査であれば消費者の属性情報、すなわち年齢、性別、収入などといった情報である。企業調査であれば、企業の規模や従業員数、設立からの期間といった情報である。これらは、データの一部分を切り出して使う場合に必要な情報となる。例えば、年齢別に分けてみたり、性別で分けてみたりすることもあるし、大企業と中小企業とで分ける場合もあるだろう。分類することでそれぞれのグループを比較することが可能になる。

4 おわりに

　この章では、データ分析における理論の重要性と研究のプロセスについて説明した。データ分析は研究プロセスの一部に過ぎず、それを行う前の準備を十分に行うことが重要である。なお、本章の説明では、テーマ探しから概念枠組みまでが順序良く進んでいるように記述しているが、実際にはこのように一直線に進むものではない。現象と理論の間を何度も往復することで研究を深化させていくことができ、より良い研究になっていく。データを分析したことによって新たな疑問が生まれることも多い。それが新たなテーマになって理論に戻ることもあるだろう。

　本書の全体像を**表1－2**に示した。データ分析に伴う統計的な説明はあえて第Ⅴ部にまとめ、具体的な分析を第Ⅰ部～第Ⅳ部で体験していただく構成となっている。どの部から読んでも構わないが、第Ⅰ部から読み進めてもらうことでエクセルの使い方も順を追って理解できるだろう。また、第Ⅴ部（第14章と第15章）は第Ⅰ部～第Ⅳ部で関心を持った調査手法や分析方法の理解を深めるために読むのが良いだろう。なお、各部で使われるデータはウェブサイトで入手できるようになっている。

【表1－2　本書の全体像】

部	章	タイトル	ポイント （理論・概念、分析、調査方法）
－	第1章	研究の進め方とデータ分析	・本書の特徴 ・テーマの設定 ・理論とデータで現象を説明する
Ⅰ　観光のデータを使ってデータの可視化を学ぶ	第2章	観光業を取り巻く課題とマーケティングの理論	・セグメンテーション ・マーケティング・ミックス
	第3章	二次データで理解する観光業	・データ収集 ・グラフ作成
	第4章	分析から導かれる訪日観光客誘致の戦略	・散布図の作成 ・データの分類
Ⅱ　顧客満足度調査から相関分析を学ぶ	第5章	文化的コンテンツと顧客満足の理論	・顧客満足 ・文化的コンテンツのマーケティング
	第6章	顧客満足度の質問票調査	・質問票の作成 ・相関分析
	第7章	分析から導かれる文化的コンテンツのマーケティング戦略	・インタビュー調査 ・定量調査と定性調査の組み合わせ
Ⅲ　広告のデータを使って平均値の差の検定を学ぶ	第8章	広告を取り巻く環境と広告の理論	・広告計画 ・マクロデータ分析 ・媒体計画とデモグラフィック・マッチング
	第9章	インタビューと実験によるデータ収集	・デプス・インタビュー ・実験計画
	第10章	未完成広告テストから導かれる広告表現計画	・平均の差の検定 ・プレゼンテーションでのデータ活用
Ⅳ　国のイメージ調査から回帰分析を学ぶ	第11章	原産国イメージと消費者行動の理論	・原産国効果 ・ハロー効果 ・文化受容
	第12章	二次データを使った国のイメージ	・二次データの収集 ・国のイメージをデータで把握する
	第13章	分析から導かれる国際マーケティング戦略	・回帰分析
Ⅴ　理論とデータで世の中を説明する	第14章	データ収集の方法	・データの種類 ・二次データの紹介 ・一次データの収集
	第15章	統計分析の基本的な考え方	・記述統計 ・相関係数 ・平均の差の検定 ・回帰分析

❓考えてみよう

① 皆さんが普段の買い物をする中で、「不思議だな」と感じる出来事をいくつか考えてみよう。

② 上記の不思議な現象に対して、それがなぜ生じるのか、いくつか仮説を考えてみよう。

③ （第Ⅰ部から第Ⅳ部までを読んだ後に）これらの仮説をどのように調べたらよいか、考えてみよう。

主要参考文献

田村正紀『リサーチ・デザイン　経営知識創造の基本技術』白桃書房、2006年。

次に読んで欲しい本

☆研究のテーマを決める思考方法や、仮説について、詳しく学ぶには。

苅谷剛彦『知的複眼思考法　誰でも持っている創造力のスイッチ』講談社、1996年。

☆経営学の研究プロセスを、より詳しく学ぶには。

田村正紀『リサーチ・デザイン　経営知識創造の基本技術』白桃書房、2006年。

第 I 部

観光のデータを使って
データの可視化を学ぶ

第1章

第2章

第3章

第4章

第5章

第6章

第7章

第8章

第9章

第10章

第11章

第12章

第13章

第14章

第15章

第 2 章

観光業を取り巻く課題と
マーケティングの理論

1 はじめに

　第Ⅰ部では、公表されている観光関連のデータを使ってデータの可視化について学ぶ。第2章ではマーケティングの理論を基に観光業を取り巻く課題をとらえる。第3章では、訪日外国人観光客のデータを使ってグラフを作成し、データから読み取れることや課題を考える。第4章では、第3章で見出した課題について事例分析を行い、課題解決の方向性のベースを考える。

　新型コロナウイルスの世界的流行以前、日本の観光業は訪日外国人観光客（インバウンド客）の急増などで盛り上がりを見せてきた。オーストラリアからの観光客が日本のスキー場に訪れたり、アジアからの観光客が何度も日本を訪れたり、中国人が高価な商品でも構わずに爆買いするといった現象が見られた。

　これに対して、観光地側はさまざまな工夫をして、訪日外国人観光客の需要を取り込もうとしている。SNSでの魅力発信や、イベント開催、体験型のサービスの提供などである。しかし、海外で注目され、「バズる」観光地はほんの一握りで、一時的な盛り上がりで終わることも多い。観光地が一生懸命に取り組んでいるのに、なかなか成果が出ないのはなぜだろうか？

　第2章から第4章では、マーケティングの理論をもとに観光地をとらえ、観光地のマーケティング戦略のためのデータ分析について取り上げる。ある市役所に勤務するコウタと一緒に、観光地のマーケティングとデータ分析をしてみよう。

2 観光とマーケティング理論

　ある地方の市役所に勤務するコウタは、今度の人事異動でDMO（Destination Management/Marketing Organization）と呼ばれる観光地域づくり法人に移ることになった。このDMOは市も関与している。DMOとは、観光地を運営する主体であり、他にはない観光地にするための戦略の立案や実行をするために、関係する人々をまとめる役割を担う。コウタは、大学卒業後に市職員になり、現在28歳である。これまで観光に関する仕事経験はなく、仕事内容や観光振興に関わっている人たちのこともよく知らない。また、DMOという言葉は聞いたことがある程度で

ある。

　コウタが勤務する地域は自然に恵まれた山間にあり、温泉とスキー場がある。国内では割と有名で、最近では海外にも知られ始めた。歴史のある地域で伝統文化が継承されている。また、食材も豊富であり、地産地消の取り組みも始まっている。コウタは着任までの間に少しでも観光のことを調べようと考えた。やみくもに調べ始めても迷いそうだったので、まずは、大学時代に勉強したマーケティングの理論をもとに考えてみることにした。

◆ マーケティング戦略の基本枠組み：STPと4Ps

　コウタは、大学時代に勉強したマーケティングの代表的教科書『コトラー&ケラーのマーケティング・マネジメント』を改めて読んでみることにした（コトラー&ケラー, 2014）。

　マーケティングの目的は「潜在的な消費者の欲しいものや必要なもの（ニーズという）を創造・開拓し拡大する」ことである。しかし、企業は、市場のすべての人のニーズに応え、満足させることはできない。そのために、まず市場を「セグメント」というある部分に分ける。これをセグメンテーションという。次にどのセグメントにもっともビジネス機会がありそうかを判断する。その企業にとってビジネス機会があるとされるセグメントが、ターゲット市場である。これを決めることをターゲティングという。その上で、企業は、ターゲット市場のニーズに応える製品を開発、提供する。そして、この開発した製品が、ターゲット市場の顧客にとってニーズを満たすものだと認識してもらう。これがポジショニングである。このセグメンテーション、ターゲティング、ポジショニングの頭文字をまとめてSTPと呼ぶことが多い。

　このSTPに基づいて、マーケターは、消費者に向けて製品を通じて価値を創造し、伝達し、提供するためのマーケティング活動を考案する。具体的にはこのマーケティング活動は、製品（product）、価格（price）、広告・販売促進（promotion）、流通チャネル（place）の4つからなり、マーケティング・ミックスと呼ばれる。この4つの頭文字をとって、マーケティング・ミックスは4Ps（フォーピーズ）と呼ばれている（図2－1）。

【図2-1　STPと4Ps】

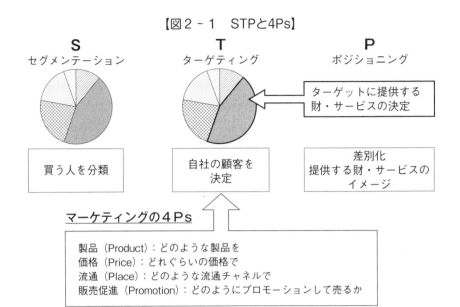

マーケティング戦略のためには、まず、ターゲティングが必要であることがわかった。では、ターゲットはどう設定すればいいのだろう。「観光客」といっても、さまざまな人がいる。例えば、訪日外国人観光客ひとつをとって見ても、国・地域、団体または個人、年齢、リピート回数、興味・関心など、さまざまな違いがありそうである。次に、STP（セグメンテーション、ターゲティング、ポジショニング）について、さらに詳しくみることで、どのようにターゲティングをしていくのかを理解しよう。

◆ ターゲティングのためのセグメンテーション（S）

マーケット・セグメンテーション（以下、セグメンテーション）は、あるひとつの市場でニーズが同じとは思えない場合に、ニーズごとに市場をセグメント（細分化）することである。「ニーズごとにセグメントする」は、一体どうすればいいのか。ここでは、セグメンテーションの変数、すなわち細分化のための切り口としてどのようなものがあるのかをみてみよう。

セグメンテーションの変数には、主に地理的変数、デモグラフィック変数、サイコグラフィック変数、行動変数の4種類がある。

１つ目は、地理的変数である。例えば、その消費者が暮らす国や都道府県、市町村などである。地域によって、気温や天候、環境などが異なり、それが顧客のニーズに影響する場合、地理的変数で細分化する必要がある。例えば、スキー場は降雪地域に作られ、冬がハイシーズンとなる。

２つ目は、デモグラフィック変数である。これは、年齢、性別、学歴、所得、職業、国籍、居住地、ライフステージ（誕生、入学、卒業、就職、結婚など）などである。例えば、この章の主人公であるコウタは、28歳、男性、大学卒業、年収500万円、日本生まれ、地方在住、独身といったことになる。

３つ目は、消費者の内面的な側面を指すサイコグラフィック変数である。デモグラフィック変数がコウタと似た人はいるだろうが、そのような人たちを「コウタと同じだ」と言えるだろうか？　性格や好き嫌いが違うなど、コウタと同じとは言えない理由はたくさんある。このように、性格、価値観、興味・関心など内面的な側面をサイコグラフィック変数という。

４つ目は、行動変数である。例えば、消費者が製品を購入・使用した状況や時間、ユーザーの状態（非ユーザー、潜在的ユーザー、初回ユーザー、リピーター）、使用量などによる区分である。この行動変数こそ、セグメンテーションを規定するのにもっともふさわしい出発点だと考えるマーケターは多い（コトラー＆ケラー, 2014, p.317）。

地理的変数やデモグラフィック変数、行動変数の一部は、公表されているデータにより把握することは可能である。例えば、北海道にどれくらい中国本土からの観光客が来ているかについては、観光庁が公表している「訪日外国人消費動向調査」や「宿泊旅行統計調査」でわかる。なお、購買した時間や量がわかる購買データや、デモグラフィック変数を含む顧客データは企業が独自に収集していることが多く、入手することが難しい場合もある。

一方、こうした公表データとは違って、サイコグラフィック変数や行動変数の一部は、独自に調査しなければわからない。北海道に来る中国本土からの観光客は、何に興味を持っているかとなると、公表データではわからないことが多い。仮に、公表データで入手できても、なぜ、それに興味を持っているのか、その興味の対象がどれほど北海道旅行に影響を与えているかという点はわからない。そのため、「知りたいことの目的のために」消費者調査（質問票調査やインタビュー調査など）が必要になる。

◆ ターゲティング（Ｔ）、ポジショニング（Ｐ）

　セグメンテーションからターゲティング、すなわちターゲットの設定をするためには、まず、市場全体の消費者ニーズを把握する必要がある。ある市場の中で消費者ニーズが異なると思われる場合には、何がニーズを異なるものにしているのか、つまりセグメンテーションの変数が上述の４つのうちのどれかを探る。例えば、温泉旅行のニーズは、癒し、楽しい時間を過ごす、おいしいものを食べるなど、さまざまある。これらのニーズが、年代や性別で違う場合はデモグラフィック変数が、同行者や旅行目的で違うならば行動変数が、セグメンテーションの変数になる。友達と温泉旅行に行く20代男性は楽しい時間を過ごしたい、30代女性のリピーターは癒しや美容効果を求める、などである。セグメンテーション後、その変数で本当に分けられたか、セグメントの市場成長性、競争状況、収益性を判断して、ターゲットを決定する。温泉旅行の場合、30代女性リピーターという分け方で、どの程度の人がいるか、今後増えるか（市場成長性）、同じターゲティングをしている温泉地はあるか（競争状況）を考える。

　その上で、ターゲットとしている顧客に、その製品やサービスが他社とは違うことを認識してもらうかを考えるのがポジショニングである。癒しや美容効果を求める30代の女性をターゲットにするならば、美肌の湯というように他の温泉とは違うことを伝える。そして、マーケティング・ミックスの諸要素（製品、価格、広告・販促、チャネル）への反応に違いがあるのかを確認し、ターゲット・セグメントに対するポジショニング戦略を実行する。

◆ マーケティング・ミックスの４つの要素（4Ps）

　セグメンテーションからターゲティングを決めて、マーケティング・ミックスを用いてポジショニング戦略を実行する。ポイントは、マーケティング・ミックス（4Ps）の基本が製品（product）であり、観光地の場合は見たり食べたりといったそこでできる体験である。ターゲットのニーズに合う製品やサービスを提供するために、どれくらいの価格で、どの流通チャネルで、どのようにプロモーションして売るかというマーケティング・ミックスを展開できるように統一された「仕組み（構造）」をつくる。温泉地の例では、癒しや美容効果を求める30代の女性をター

ゲットにした場合、温泉で癒されて美肌になる体験（product）を、どれくらいの旅行費用（交通、宿泊、飲食等）で、webサイト等で予約対応し（流通チャネル）、SNSや雑誌でターゲットに知らせる（プロモーション）ということになる。

◆ マーケティングと観光地

　コウタは、以上のマーケティングの考え方をもとにターゲットになる観光客のことを考えた。訪日外国人観光客の場合、ターゲットはコウタの勤務する地域を訪れる訪日外国人観光客はどのような人たちなのか、イメージが湧かない。それにもかかわらず、観光地についての情報発信をしようとみても、誰に何を発信すべきなのかもわからない。いきなりSTPや4Psを考えるのではなく、まず現状把握が必要ではないかと考えた。

3 デスティネーション・マーケティング

　マーケティング理論を学んで観光について考えたコウタは、観光客誘致には一般のマーケティングにはない特徴があるのではないかと思った。一般的にマーケティング戦略は「一企業の戦略」であり、目的、ターゲット設定、要素の検討は、その企業内で完結する。しかし、観光地の場合は、誰がマーケティング戦略を考える主体なのだろうか？　DMO（観光地域づくり法人）のみならず、市役所や観光関連の団体、宿泊施設、観光施設、飲食店、土産物店など、さまざまな企業や人が関わっていることは想像できる。こうした関係する企業や人とどう関わって考えればいいのか。

　コウタは、観光地に関係する企業や人と関わりながら戦略を考えることについて調べたところ、観光地の魅力を発信して観光客の集客を考えるデスティネーション（観光地）・マーケティングという考え方を見つけた。デスティネーション・マーケティングとは、DMOが、その国や地域を観光地とし、潜在的な観光客にとって他の観光地よりも魅力的であることをアピールして訪問客を増やすこと、そしてその観光地で観光に関わる主体（企業や住民など）をまとめていくことで競争力を高めるマーケティングである。つまり、コウタが担当する地域を他にはない観光地として知ってもらい、実際に訪れてもらうようにアピールする。また、観光地を差別化

するための戦略の立案や実行をする上で、関係する人々をまとめる。DMOは、デスティネーション・マーケティングにおいて主体的な役割を担うことを、コウタは理解できた。

　ここでは、観光客の観光行動に関与する人たちや、観光客の行動を概観し、デスティネーション・マーケティングについて理解を深めよう。

◆ 観光客の観光行動に関与する人たち

　観光地に観光客を呼ぶために、あるいは訪れた観光客にサービスを提供するために、さまざまな企業や人が関わっている。コウタが勤務する市役所、今度異動することになったDMO、観光協会、宿泊施設、飲食店や土産物店などの商業施設、観光施設など、観光客の行動それぞれに関与する人たちがいる。もちろん、観光地の住民も含まれる（Column 2 - 2参照）。図2 - 2に示したように、観光旅行の観光客は、まず目的地を決定して交通や宿泊の予約を行い（旅行前）、住んでいる場所から交通機関や自家用車などを使って観光地に移動する（旅行中：移動）。観光地では、宿泊、飲食、買い物、レジャー、観光スポットめぐりなど、さまざまな活動をする（旅行中：観光地）。観光客にとっては「一連の観光行動」であるが、その

【図2 - 2　観光行動の例】

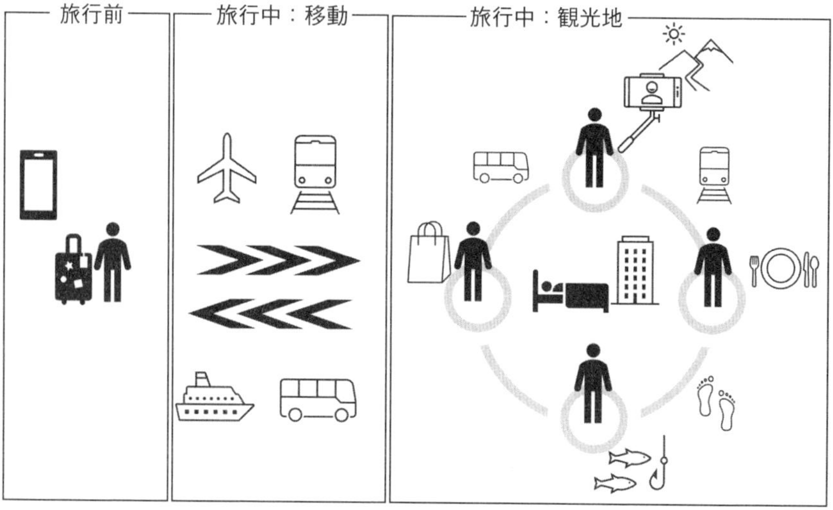

行動のために消費される財・サービスは別々の企業などが提供している。図2-2は、観光客が1人で行動する場合を示している。しかし実際には、一人旅以外にも、友人や家族と一緒であったり、家族構成の違いやペットの有無であったりなど、さまざまなパターンが考えられる。このように考えると、さらに、多様なサービスが必要とされることが想像できるだろう。

　観光客が訪問し、滞在、行動してもらうために、観光地（あるいはDMO）はさまざまなことを試みる。図2-2で考えると、観光客の一連の行動にはさまざまな企業などが関わっており、これらの企業のひとつでもサービスを提供しないと、観光行動は成り立たないと言ってもいいだろう。別の観点では、観光客にとっては「一連の行動」が観光旅行であるため、これら一連の行動のうち、ひとつでも観光客のニーズに合うサービスが提供されなければ、その観光旅行の満足度は下がることになる。観光客の一連の行動にサービスを提供するためには、個々の企業がそれぞれ提供するだけではなく、連携することが重要であると言える。とくに観光地内の連携は重要である。

　例えば、観光スポット間の移動のために、さまざまな交通機関にそれぞれ切符を買って利用するよりも、乗り放題やICカードなどで切符を買う手間なく移動できたほうが観光客にとっては便利である。また、情報提供でも、それぞれの企業や施設が情報を出すよりも、観光地情報として一括で提供した方が観光客は一度にさまざまな情報を入手できる。さらに、予定していなかった場所に訪問することや、事前には知らなかったローカル料理を食べてみるといったことにもつながるだろう。情報提供は、旅行先の選択にも影響する。観光地について明確なイメージを伝え、「行きたい」と思わせて選択してもらわなければならない。個々の企業がそれぞれ情報発信するよりも、観光客の一連の行動に即した情報発信でなければ消費者には伝わらない。そのためには、上で説明したように、ターゲットを設定してマーケティング・ミックス（4Ps）を考える必要がある。

◆ 観光客の行動

　観光地のマーケティング戦略において、消費者側である観光客の行動も理解する必要がある。例えば、目的地を決定する際のことを考えてみよう（図2-2の一番左）。旅行会社が出しているパンフレットを見る、家族や友人などから聞く、ウェブサイトの旅行のクチコミをみるなど、さまざまな情報入手ができる。もしくは、

テレビやネットでたまたま見て良さそうだったから、ということもあるかもしれない。また、観光旅行をする際も、旅行会社が提供するパッケージツアーや団体旅行ではなく、交通や宿泊の予約をオンラインで行い、個人が自分好みの旅行を作ることも可能である。

　さらに、観光に限らず、消費者の情報収集や意思決定において、InstagramなどSNS（ソーシャル・ネットワーキング・サービス）の影響はかなり大きくなってきている。最近では、とくに大学生など若い人たちは、SNSの画像やストーリーズを見て旅行先を決めることも多い。好みに合う画像を投稿する人をフォローし、その投稿を眺めながら行ってみたい、行こうとなり、その段階で「その場所がどこなのか」を検索するという、これまではなかったような旅行先の決定プロセスが見られるようになった。また、旅行先の決定のみならず、観光旅行中や旅行後もSNSで情報収集したり、投稿（情報発信）したりする。SNSでの検索や情報発信も、観光客の一連の行動のひとつである。

　こうした観光客の行動に対し、観光地側はただオンラインでの情報発信やSNS映えするスポットを用意すればいいわけではない。ターゲットである観光客の行動とSNSの影響を踏まえて、どのように情報発信するかを考える必要がある。ただし、SNSはプロモーションだけの手段ではない。情報発信をするためには、当然内容がなければならない。そのために、観光地として誰、すなわちターゲットに何をどのように提供するかを明確にすることが必要である。また、SNSの特徴として、情報発信手段であるとともに、情報収集手段でもあることを忘れてはいけない。観光客の中には、観光旅行中にSNSに画像や文章を投稿する人がいる。これは、きれいな景色、食べたものなど印象に残ったことを「情報発信」していると言える。観光地側は、これらの投稿を観察すれば、観光客がおもしろい、楽しいと思うポイントなど、「情報収集」することができる。このように、観光地側は、SNSを通じて情報発信をするとともに、情報収集も可能になる（Column 2 - 1参照）。

◆ デスティネーション・マーケティングにおけるDMOの役割

　コウタは、観光地にはさまざまな関係者がおり、彼らが観光客の一連の行動に沿って連携することが重要だということに気づいた。一般的なマーケティング戦略と異なり、観光地の場合には、一企業ではなく関係者の連携により戦略を考える必要がある。

Column 2 - 1

デジタル・マーケティングと観光

　現代の消費者の生活や購買行動はSNSの影響を受けており、マーケティングでもデジタル・マーケティングの重要性が言われている。これまでは消費者ニーズを探るために質問票による消費者調査などを実施していたが、今ではSNSなどのデジタル媒体を通じてリアルタイムに消費者に関する情報を手にできる。例えば、検索プロセスでのキーワード検索やページ閲覧状況、モバイルデータによる行動データ、また消費者側が発信するクチコミや画像などである。調査することなく（あるいは最低限の調査で）、消費者のニーズや行動が入手できることは画期的だが、次の重要な点を見逃してはならない。

　それは、デジタル・マーケティングにおいて企業と消費者の関係が変わったことである。『1からのデジタル・マーケティング』（西川・澁谷 2019）は、次のように「一方的な関係」から「協働関係」に変化したと説明している。これまで企業はSTPを設定してターゲット層に向け、商品やサービスを開発し、それを知らせ、購買を促す「一方的な関係」であった。しかし、デジタル社会では、消費者同士がSNS上でつながりを持ち、特定の商品やサービスについて情報交換や評価をし、他の消費者からの情報を参考にしている。企業は、消費者同士のつながりの場である「顧客コミュニティ」をターゲットとし、そこで承認される、つまり受け入れてもらわなければならない。これまでのSTPを設定してターゲットにアプローチする方法から、顧客コミュニティによる承認を通じたポジショニングが必要となる「協働関係」になっている。

　観光客誘致においても、デジタル・マーケティングは効果的である。しかしながら、リアルタイムにデータが入手できSTPが容易になることや、消費者の声を聴けることだけに注目するのは誤りである。潜在的な観光客も含めた「観光客コミュニティに承認を得て協働する」ことがデジタル・マーケティングであり、いかに協働していくかを考えることが重要である。

　上で説明したとおり、DMOは、観光客の集客戦略を考えて実行し、また関係者間の調整を担う組織である。日本では2015年に日本版DMOの登録受付を開始し、2021年3月現在では「観光地域づくり法人」という名称で全国に198団体が登録されている。観光庁は、観光地域づくり法人について、「地域の『稼ぐ力』を引き出すとともに地域への誇りと愛着を醸成する『観光地経営』の視点に立った観光地域づくりの舵取り役」と位置付けている（観光庁）。さらに、その役割は、多様な

Column 2 - 2

関係者としての観光地の住民

　観光地の住民は、言うまでもなく観光地の関係者である。観光客が観光地で行動する際、住民と交流することもある。みなさんも観光旅行で、住民の人に何かを尋ねて教えてもらったり、親切にしてもらったという経験があるかもしれない。こうした出会いや交流は多くの場合「偶然」であり、その思いがけない経験が旅行での思い出になったりする。また、住民と直接交流しなくても、住民の生活を垣間見たり、住民が日常的に利用しているお店で地元の商品を買ったりすると、その地域に触れた気分になったりするだろう。こうした経験は、観光客の満足度を高めると言われている。

　そのため、観光地の住民もまた、デスティネーション・マーケティングにおいて重要な役割を担う。しかし、観光地の住民にとって観光は地域経済活性化などの便益をもたらす一方、住民に迷惑をかける存在でもある。実際に、近年では観光地に一斉に大勢の観光客が訪れるオーバーツーリズムが生じたため、交通機関が混雑したり、観光客が騒いだり、ゴミを捨てるなどの問題が生じた。その結果、住民が観光に良くない印象を持ち、観光客を歓迎しない観光地も見られるようになった。そのため、現在では住民の理解を得ずに観光振興をするべきではないという認識が高まっている。こうした問題を解消するための調整機能を持つのが、住民をはじめとする関係者と十分なコミュニケーションをとり観光振興を推進するDMOや自治体である。

　研究においても、住民が観光振興に理解を示し、協力することは重要であると認識されており、海外を中心に「住民態度研究（Residents' attitude toward tourism）」として多様な研究蓄積がある。住民態度研究の対象は、観光地としての歴史の長い地域や、観光振興に着手したばかりの地域、世界遺産登録された地域、離島、オーバーツーリズムなど、さまざまである。興味のある人は、こうした研究論文を読んでみよう。

関係者と協働しながら、明確なコンセプトに基づいた観光地域づくりを実現するための戦略を策定するとともに、戦略を着実に実施するための調整機能を備えた法人とされている。

　多様な関係者との協働や戦略を実施するための調整機能が求められているように、関係者間の調整が重要であることがわかる。そして、そのためには、データに基づく明確なコンセプトによるマーケティング戦略を示して共有することが重要となる。

つまり、主観や感覚で観光地域づくりを行うのではなく、関係者間で、客観的なデータに基づいて議論して、協働していくことが必要である。DMOがこうした関係者間の調整を担うことにより、観光地として潜在的な観光客を含めた観光客をひきつけるデスティネーション・マーケティングが可能となる。

4 おわりに

　コウタは、観光客誘致には、大学時代に勉強したマーケティングが活用できそうだと思った。マーケティングでは、消費者をセグメンテーションしてターゲティングをした上で、競争相手と差別化するポジショニング（STP）を設計する。その上で、ターゲットに対してマーケティング・ミックス（4Ps）の組み合わせを決める。

　観光客誘致の場合、さまざまな関係者が関わる。それら関係者をまとめ、観光振興することが重要であることがわかった。そして、その役割を担うことを期待されているのがDMOであることも理解できた。着任後は、まずは地域の観光の課題を知るために、現状把握のため、多様な関係者に話を聴いてみようと考えた。

❓ 考えてみよう

① 　図２-２を見ながら、観光客が１人の場合の他、友人と一緒、家族と一緒、小さい子どもの有無、ペット連れなど、さまざまなパターンを考えて、どのようなサービスが消費されるか考えてみよう。

② 　図２-２を見ながら、観光客誘致にどのような企業などが関わっているか考えてみよう。

③ 　観光旅行の目的地などを決める際に、SNSの情報はどれくらい影響しているだろうか？　他の人と議論して考えてみよう。

主要参考文献

西川英彦・澁谷覚編著『１からのデジタル・マーケティング』碩学舎、2019年。

フィリップ・コトラー、ケヴィン・L. ケラー『コトラー＆ケラーのマーケティング・マネジメント（第12版）』（恩藏直人監修、月谷真紀訳）丸善出版、2014年。

次に読んで欲しい本。

☆サービスのためのマーケティングや事例について、詳しく学ぶには。

　神原理編『サービス・マーケティング概論』ミネルヴァ書房、2019年

☆地域づくりの取り組みについて、詳しく学ぶには。

　古川一郎編著『地域活性化のマーケティング』有斐閣、2011年。

第1章
第2章
第3章
第4章
第5章
第6章
第7章
第8章
第9章
第10章
第11章
第12章
第13章
第14章
第15章

第 3 章

二次データで理解する観光業

1 はじめに

　第2章で説明した通り、市役所に勤務するコウタは、人事異動で同じ市にある DMO（Destination Management/ Marketing Organization）と呼ばれる観光地域づくり法人に着任した。担当は、訪日外国人観光客の集客である。コウタは、早速、DMOの同僚も含めて、市役所や旅館、ホテル、飲食店など観光振興に関わる人たちに「この地域は、訪日外国人観光客にどのように観光をアピールできると思うか？」聞いてみた。その結果、アピールポイントは、伝統文化が継承されている、自然に恵まれている、人がいい、地産地消の取り組みなどであった。また、ターゲットとするべき訪日外国人観光客は、リピーター、富裕層、滞在期間が長い傾向にある遠方からの観光客などがあげられた。このように、それぞれがさまざまなことを考えていることがわかった。

　コウタは、正直困ってしまった。それぞれ納得できるアピールポイントやターゲットではあるが、統一されているとは言えない。手段もさまざまである。すべてに注力できるほど予算や人手はない。一体、この地域はどのように訪日外国人観光客を呼び込むべきなのか。そこで、まずはデータで事実を把握してみることにした。観光業をとらえるデータはさまざまあるが、ここでは訪日外国人観光客のデータを取り上げる。

2 二次データから見る観光業

　コウタは、大学時代のゼミの先生が「データは必ずローデータや公表データ（二次データ）を見ること。他人が作ったグラフだけを見て納得してはいけない。」と言っていた話を思い出した。ローデータとは、グラフや表を作るための元となる「生」の回答データのことである。そこでコウタは、まず観光庁のウェブサイトで観光関連の公表データを確認し、自分でグラフを作成してみることにした。

◆ 訪日外国人観光客数

　観光庁のウェブサイトを見たところ、訪日外国人の人数は、日本政府観光局（Japan National Tourism Organization: JNTO）のウェブサイトで公開されていることがわかった。JNTOのウェブサイトからダウンロードしたデータを使ってグラフを作成してみよう。

1）データのダウンロードとデータの確認

　JNTOのウェブサイトにある「月別・年別統計データ（訪日外国人・出国日本人）」をクリックする。「訪日外客数（年表）」の「国籍/月別 訪日外客数（Excel）」をクリックしてエクセルファイルをダウンロードする。なお、章末にあるリンクから本書のダウンロードサイトにアクセスすると、同じファイルを入手できる。

　ファイルを開くと、タブごとに各年のデータが掲載されている。ここでは、2019年のデータを使ってみよう。図3－1は、2019年訪日外客数をまとめたものである。各行（横向き）には、アジアやヨーロッパなどの地域、そこに属する国・地域が記されている。各列（縦向き）には、1～12月のそれぞれの国や地域の訪日外客数および伸率が示されている。いきなりグラフを作るのでなく、どのような傾向があるか、どの値が大きいか小さいかなど確認する必要がある。右にある

【図3－1　訪日外客数（年表）2019年の内容を抜粋（一部文字サイズ等を加工）】

＊本表で、通年の月別・市場別の推移が確認できます。伸率は前年同月比を表しています。

単位：人数（人）、伸率（%）

	1月	伸率	2月	伸率	3月	伸率	〜〜	12月	伸率	累計	伸率
総数	2,689,339	7.5	2,604,322	3.8	2,760,136	5.8		2,526,387	−4.0	31,882,049	2.2
アジア計	2,366,944	7.2	2,323,258	3.4	2,287,450	5.3		2,121,351	−7.2	26,819,278	0.2
韓国	779,383	−3.0	715,804	1.1	585,586	−5.4		247,959	−63.6	5,584,597	−25.9
中国	754,421	19.3	723,617	1.0	691,279	16.2		710,234	18.6	9,594,394	14.5
台湾	387,498	10.5	399,829	−0.3	402,433	3.9		348,269	3.7	4,890,602	2.8
香港	154,292	−3.9	179,324	0.5	171,430	−12.4		249,642	19.2	2,290,792	3.8
タイ	92,649	12.2	107,845	31.5	147,443	26.9		164,936	28.6	1,318,977	16.5
シンガポール	22,676	7.1	26,102	11.1	43,687	14.7		100,376	15.3	492,252	12.6
無国籍・その他	45	−27.4	48	26.3	60	−20.0		67	26.4	728	8.2

注1：本資料を引用される際は、出典名を「日本政府観光局（JNTO）」と明示してください。

注2：表中の数値は、すべて確定値である。

出所：日本政府観光局（JNTO）データファイル「訪日外客数（年表）国籍/月別 訪日外客数」

「累計」を見ると、総数は3,188万2,049人であり、「アジア計」は2,681万9,278人、無国籍・その他は728人となっている。図3 - 1では省略しているが、ヨーロッパからは198万6,529人、アフリカからは5万5,039人、北アメリカからは218万7,557人、南アメリカからは11万1,200人、オセアニアからは72万1,718人が来日している。全体的に、アジアからの訪日外客数の割合が大きいことがわかる。

2）円グラフ：全体に占める割合を把握

　コウタは、まず、どのくらいの訪日外国人観光客がどこから来ているのかを把握したいと考えた。そのため、全体に占める割合を円グラフで表してみることにした。また、二次データの確認から、アジアからの訪日外国人観光客数が多いことはわかった。そのため、アジアについてはその内訳も見たいと考えた。

　全体の割合と、その一部のさらなる内訳をみたい場合には、補助円付きグラフが便利である。ここで作成するグラフは、**図3 - 2**のとおりである。左側の円グラフ

【図3 - 2　2019年地域・国籍別　訪日外国人客（補助円付き円グラフ）】

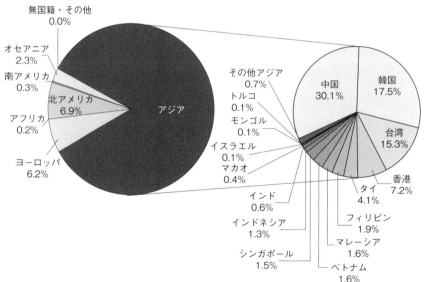

出所：日本政府観光局JNTOデータファイル「国籍/月別 訪日外客数」の2019年データに基づき作成
同局サイト「月別・年別統計データ（訪日外国人・出国日本人）」からダウンロード
　　https://www.jnto.go.jp/jpn/statistics/visitor_trends/index.html

は全体、右側はアジアの内訳が示されている。

　エクセルによるデータの可視化を学ぶために、図3-2を実際に作ってみよう。まず、JNTOのウェブサイトから、「訪日外客数（年表）」のデータファイル「訪日外客数（年表）国籍/月別 訪日外客数」（図3-1）をダウンロードする（本書のダウンロードサイトにも同じファイルがある）。図3-1のデータそのままでは、作りたいグラフは作れない。そのために、グラフ作成のために必要なデータをまとめる必要がある。まずは、次の手順のようにまとめてみよう。

第3章

手順

1．シート「2019」のA列とZ列をコピーしてAD列、AE列に貼り付ける。

2．アジアのみ国籍・地域別のデータ（AD7-AE22）を切り取り、一番下AD56に貼り付ける。

3．地域計のみを残し、国籍・地域別の数値は削除する（アジア以外）。名称の「計」をそれぞれ削除する。図3-3のようになる。

【図3-3　まとめた後のデータ】

	AC	AD	AE	AF	AG	AH	AI	AJ	AK	AL	AM	AN
1		**2019年　訪日外客数（総数）**										
3		＊本表で、通年の月別・市場別の推移が確認できます。伸率は前年同月比を表しています。										
4			累計									
5		総数	31,882,049									
6		アジア	26,819,278									
7		ヨーロッパ	1,986,529									
8		アフリカ	55,039									
9		北アメリカ	2,187,557									
10		南アメリカ	111,200									
11		オセアニア	721,718									
12		無国籍・その他	728									
13		中国	9,594,394									
14		韓国	5,584,597									
15		台湾	4,890,602									
16		香港	2,290,792									
17		タイ	1,318,977									
18		フィリピン	613,114									
19		マレーシア	501,592									
20		ベトナム	495,051									
21		シンガポール	492,252									
22		インドネシア	412,779									
23		インド	175,896									
24		マカオ	121,197									
25		イスラエル	44,214									
26		モンゴル	31,513									
27		トルコ	22,724									
28		その他アジア	229,584									
29												
30												

　図3‐3に示したまとめたデータを使って、補助円付きグラフを作成しよう。手順は次のとおりである。

手順

1．セルAD7「ヨーロッパ」からAE28「229,584」を選択

2．挿入→グラフ「補助円付き円グラフ」を選択

3．出力されたグラフの右上「＋」→「データラベル」→「その他のオプション」→「分類名」を☑し、「値」の☑を外す（グラフタイトルと凡例の☑は外す）

4．左円または右円グラフを右クリック→「データ系列の書式設定」→「補助プロットの値」を「16」にする。※16はアジアの国籍・地域別データ数

5．左円グラフに右円グラフをまとめた「その他」項目ができるので、文字の「その他」をクリックして「アジア」に変える。

　以上の手順から、図3‐2が作成できる。グラフを作成したら、まず、読み取れることを確認することが重要である。その上で、新たな疑問や考えられる理由を考察し、さらにグラフを作成したり、データを確認したり、調査分析を行う。

　コウタは、図3‐2から読み取れることを確認した。アジアからの訪日外国人観光客が全体の84.2％にのぼることが分かった。また、アジアの内訳を見てみると、中国本土は30.1％、韓国は17.5％、台湾は15.3％、香港は7.2％、タイは4.1％であった。アジアからの訪日外国人観光客が多いことはわかったが、いつから増えたのだろうという新たな疑問が浮かんだ。

3）折れ線グラフ：過去からの推移を把握

　そこでコウタは、アジアからの外国人客がいつから増えたのか、過去からの推移を確認してみることにした。アジア人からの訪日外国人数の推移のように、ある現象の時間的な変化を表したデータを「時系列データ」という。コウタは、JNTOのウェブサイトから、時系列データをダウンロードした。2003年からのデータがあったので、アジアの国・地域別の観光客数の推移を見てみることにした。グラフは、折れ線グラフを利用することにした。手順に沿って作成したグラフが**図3‐4**である。

【図3 - 4　アジアからの訪日外国人数の推移：2003 - 2019年】

注：グラフを見やすくするため、上位5か国のみを表示した。また、凡例をわかりやすくする
　　ため、グラフ上に国・地域名を表記した。
出所：日本政府観光局JNTOデータファイル「国籍/月別 訪日外客数」に基づき作成
　　　同局サイト「月別・年別統計データ（訪日外国人・出国日本人）」からダウンロード
　　　https://www.jnto.go.jp/jpn/statistics/visitor_trends/index.html

　図3 - 2の訪日外国人の割合のグラフのときと同様、まずはグラフから読み取れることを確認してみよう。2003年からの動向をみると、2012年～2014年あたりから急増していることがわかった。とくに、中国本土からの観光客は、2012年は100万人台だったが（142万5,100人）、2019年には1,000万人に迫る勢いである（959万4,394人）。2012年と2019年を比べると、観光客数は約7倍の増加となっている。全体的にアジアからの訪日外国人観光客は増加傾向にあるが、韓国は、2018年から2019年にかけて急減している。こうした急増や急減の原因は何だろうか？　コウタは、増加し始めた2012年前後の日本政府の政策や、当時の新聞・雑誌記事、SNSなどを見てみようと思った（韓国人から見た日本のイメージについては第12章参照）。また、韓国からの観光客数が急減した原因についても、同様に調べてみるつもりである。
　さらに、コウタは、アジアからの観光客も含めた訪日外国人観光客には、初めて

Column 3 - 1

統計データの定義や単位

　統計データは、観光に限らず、さまざまな定義や基準のもとに調査・集計されている。公表されている統計データを利用する場合には、定義や基準についてきちんと調べ、理解しておくことが重要である。

　例えば、「観光地」は必ずしも都道府県や市町村（行政区分という）と同じ範囲ではなく、定義することは意外と難しい。しかし、定義をしなければ調査できないため、現在は行政区分を基準に調査が実施されていることが多い。また、「観光産業」という産業も実はない。日本の産業は明確に規定されているわけではないが、統計調査のための分類として、日本標準産業分類が設けられている（2021年8月現在、平成25年10月改定の分類が適用されている）。日本標準産業分類では、「宿泊、飲食サービス業」という分類はあるが、観光産業は他にも交通や娯楽サービスなど、より広い業界を含むことが想像できるだろう。なお、観光の経済効果を推計するため、UNWTO（国連世界観光機関）が定めたTSA（Tourism Satellite Account）がある。TSAは、各産業の観光に該当する部分を取り出して、観光の経済効果を推計するものである。日本では、観光庁が2003年度から「旅行・観光消費動向調査」を実施して経済効果の推計を行っている。

　また、調査の単位にも注意が必要である。例えば、観光では観光客数を調査することが多いが、「実人数」と「延人数」がある。例えば、宿泊客数の場合、ある期間にある宿泊施設を5人が利用したとき、実人数は5人であり「宿泊施設の利用人数」となる。ところで、5人のうち、1泊した人は2人、2泊した人が2人、3泊した人が1人である場合、5人とカウントしていいだろうか？「宿泊施設の利用人数」、すなわち「実人数」は5人であるが、「宿泊した人の宿泊数の合計」とする場合には9人となる（1泊×2人＋2泊×2人＋3泊×1人＝9人）。この9人を「延人数」という。「実人数」と「延人数」は、宿泊客の他、訪問客数などにも適用されている。

くる人と、2回以上のリピーターのどちらが多いのだろうと思った。この新たな疑問について、データを見てみることにした。

3 訪日外国人観光客の特徴

　コウタは、訪日外国人観光客の訪日経験について調べることにした。図3－2からアジアからの観光客が80%を超えていることや、図3－4から2012年〜2014年あたりから急増していることがわかった。こうした訪日外国人観光客について、どれくらいのリピーターがいるのかを確認する。

◆ リピーター

　コウタは、以前、アジアからの観光客は何度も日本を訪れるリピーターが多いと聞いたことがあった。そこで、訪日経験を国・地域別に見てみることにした。訪日回数は、観光庁の「訪日外国人消費動向調査」で調査されているので、そのデータを使ってグラフを作成することにした。「訪日外国人消費動向調査」は毎年実施され、公表されている。一般客（全目的）、一般客（観光・レジャー目的）、一般客（業務目的）、クルーズ客（船舶観光上陸許可を得た外国人）の4つの分類があり、それぞれデータがある。ここでは、一般客（観光・レジャー目的）にあるデータを使ってグラフを作成する。各国・地域からの観光客数に占めるリピーターの割合のように、それぞれの割合を示して国・地域間で比較したい場合には、積み上げグラフを利用するのが便利である。

　図3－5によれば、2回以上のリピーターが半数以上を占める国・地域は、多い順番に、香港、台湾、韓国、シンガポール、タイ、フィリピン、マレーシア、中国、ロシアである。とくに、上位5か国・地域は、約70%以上はリピーターである。こうした国・地域からのリピーターが多い理由は、何だろうか？　コウタは、リピーターが多い理由として、1）日本が好き、2）日本まで近い、3）日本まで安く来られる、などを考えてみた。この理由が妥当かどうかについて確認するために、日本に対するイメージ調査や、航空会社の各国・地域と日本のフライト時間、運賃などを調べてみることにした。

【図3－5　2019年訪日外国人客　国籍・地域別
（観光・レジャー目的）の訪日回数】

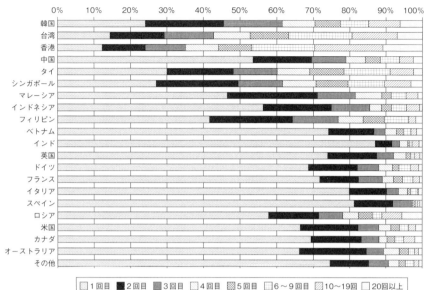

出所：観光庁データファイル「訪日外国人消費動向調査」参考表4にもとづき作成
同庁サイト「訪日外国人消費動向調査」からダウンロード
　https://www.mlit.go.jp/kankocho/siryou/toukei/syouhityousa.html

◆ 訪 問 先

　さらに、コウタは、リピーターが多い国・地域の観光客と、それほどでもない
国・地域の観光客で訪問先は異なるのか気になった。「訪日外国人消費動向調査」
では、国・地域別に訪問した都道府県のデータが公開されている。リピーターが約
80％を占める香港、台湾、韓国と、訪日者数は多いがリピーターは約50％の中国
本土、次の章で取り上げるオーストラリア（リピーター約34％）を比較してみよ
う。「訪日外国人消費動向調査」の参考表8に都道府県別の観光レジャー目的の訪
問者数のデータがある。香港、台湾、韓国、中国、オーストラリアについて、それ
ぞれ訪問者数が多い順に都道府県を抜き出すと、**表3－1**のようになる。

　初めての訪問者や団体旅行のツアーでは、ゴールデンルートと呼ばれる定番の
コースがある。それは、成田国際空港（千葉県）に到着、東京、箱根（神奈川県）、

【表3－1　訪問者数 上位10の都道府県】

順位	香港	台湾	韓国	中国	オーストラリア
1	大阪府	東京都	大阪府	大阪府	東京都
2	東京都	大阪府	福岡県	東京都	千葉県
3	千葉県	千葉県	京都府	京都府	京都府
4	京都府	京都府	東京都	千葉県	大阪府
5	福岡県	福岡県	千葉県	奈良県	長野県
6	愛知県	奈良県	大分県	愛知県	広島県
7	奈良県	愛知県	北海道	山梨県	神奈川県
8	北海道	北海道	兵庫県	静岡県	北海道
9	大分県	長野県	奈良県	神奈川県	奈良県
10	岐阜県	兵庫県	熊本県	北海道	岐阜県

第3章

出所：観光庁データファイル「訪日外国人消費動向調査」参考表8から対象国・地域の訪問者数にもとづき作成
同庁サイト「訪日外国人消費動向調査」からダウンロード
https://www.mlit.go.jp/kankocho/siryou/toukei/syouhityousa.html

富士山（山梨県、静岡県）、名古屋（愛知県）、京都、大阪を訪問し、関西国際空港（大阪府）から帰国（この逆もある）というものである。表3－1でみると、東京、神奈川、千葉や、愛知、大阪、京都、奈良、兵庫に訪問者が多い。これらは、空港やゴールデンルートにある都道府県、またその周辺の県である。とくに、中国本土からの観光客は、ゴールデンルートや北海道がメインであり、初めての訪問者や団体旅行の利用者が、いわゆる定番のコースを回っていると考えられる。

　また、北海道は、ゴールデンルートに入っていないが、表3－1ですべての国・地域で訪問者数が多い。このことから、初訪問者、リピーターともに人気の観光地であることがわかる。

　表3－1のグレー部分は、ゴールデンルートに入っていない県である（北海道は除く）。リピーターが多い香港、台湾、韓国では、九州の福岡県、大分県、熊本県が多い。とくに、韓国からの観光客は、福岡県への訪問が2位となっており、距離の近さや船でアクセスできるという利便性の高さが理由として考えられる。大分県や熊本県には、何を目的に訪れているのだろうか？　また、香港や台湾では、岐阜県、長野県が上位に入っているが、この目的は何だろうか？　コウタは、リピーターの多いこれらの国・地域からの観光客の行動を調べてみようと考えた。

　オーストラリアからの観光客は、リピーターが約34%であるが、長野県、岐阜

県、広島県に多く訪れていることがわかる。初めての訪問者が多いにもかかわらず、ゴールデンルートに含まれないこれら3県に多くの観光客が訪れているのは、なぜだろうか？「訪日外国人消費動向調査」の参考表4では、旅行手配方法として、団体ツアーに参加、個人旅行向けパッケージ商品を利用、個別手配のカテゴリーで該当者数が公表されている。これを見ると、中国の場合は、団体ツアーが30.3%、個人旅行向けパッケージ商品が7.3%、個人手配が62.3%である。オーストラリアは、団体ツアーが10.3%、個人旅行向けパッケージ商品が7.2%、個人手配が82.5%となっている。オーストラリアからの観光客は、自分が行きたい観光地に個人手配をして訪れているとも考えられる。初めての訪問だからツアー、リピーターだから個人旅行というわけでもなさそうである。また、1回の訪問あたりの滞在期間が長いと、さまざまな観光地を訪れるのかもしれない。コウタは、滞在期間の違いも確認しようと思った。

◆ 滞在期間

　訪日回数の多さもポイントであるが、滞在期間も重要だとコウタは考えた。そこで、図3‒5と同じ観光庁の「訪日外国人消費動向調査」のデータで、滞在期間のデータを使い、積み上げ横棒グラフで滞在期間の比較をすることにした。

　作成したグラフを確認すると、アジアからの観光客は、相対的に滞在期間が短い傾向にある。韓国は3日以内が約40%であり、とくに短期間での滞在傾向にある。それに比べて、欧米、太平洋州地域は滞在期間が長い。やはり、近隣の国・地域からくる観光客は滞在期間が短くなるのか。その代わり、何度も来る、つまりリピーターが多くなるのかもしれない。図3‒5と見比べてみると、リピーターの多い国・地域は、1回あたりの滞在期間が6日以内の割合が高い傾向にあることがわかる。ただし、リピーターが多いが、滞在期間は7日以上の割合が60～80%になっている国・地域もある。一概に、「近いから滞在期間は短く、何度も来訪する」とは言えないようである。

　また、新たな疑問として、滞在期間と消費額の関係が気になった。滞在期間が長くなれば、当然宿泊や飲食費も増える。そこで、コウタは消費額のデータも確認することにした。

第３章

> ### Column 3 - 2
>
> ## イギリスの観光振興機関「VisitBritain」
>
> 　VisitBritainは、英国政府により1969年に設立された観光振興のための機関であり、インバウンド（英国を訪れる外国人観光客）の集客を対象にしている。英国の各地域で、差別化されたマーケティング戦略を実施する。そのため、世界とネットワークを持ち、各国・地域に対して、英国が世界有数の旅行先であることを宣伝するのに役立つ適切なツールを提供している。また、マーケットおよびセグメント情報として、国・地域ごとに特徴をまとめている。日本からの訪問客については、「メインは25〜54歳の居住者（2019年の日本からの訪問者全体の68％）、英国を再訪する確率は平均よりも低い：日本からの観光客（英国駐在員を除く）のうち、英国を（10年以内に）再訪するのは50％であるのに対し、全市場では63％である。出発する日本人旅行者（イギリス人駐在員を除く）の77％が、旅行先として英国を『とても勧めやすい』と回答。」と記されている。これらは、VisitBritainが収集しているデータに基づくものである。さらに、"Our resources for students" というサイトを公開し、英国の観光に関するデータを中心に学生のリサーチ向けに情報を提供している。
>
> 　日本でも、独立行政法人国際観光振興機構、通称、日本政府観光局（JNTO）がウェブサイトで、「日本の観光統計データ」というページを開設している。このページでは、訪日外国人観光客数、訪問地域、消費額とその対象、会議数などを公開している。ウェブサイト上でグラフ化できる他、データをダウンロードすることもできる。
>
> 　次章で紹介する地域経済分析システム（RESAS：リーサス）も含め、最近では統計データを公開するのみならず、こうしたウェブサイト上でのグラフ化や、複数のデータを併せたグラフ化もでき、簡単な操作でデータに基づく動向を見ることができるようになっている。ぜひ、こうしたサイトにアクセスして、どのようなことがわかるのかを自分で確かめ、何に使えるかを考えてみよう。

◆ 消 費 額

　滞在期間と消費額の関係も気になったコウタは、まず、国・地域別の消費額について調べた。図３-５と同じ観光庁の「訪日外国人消費動向調査」のデータで、１人１回あたり旅行消費単価のデータを使い、縦棒グラフで消費額の比較をすること

にした。

　作成したグラフをみると、日本から遠い欧米やオーストラリアからの観光客は、消費額も高い傾向にある。1人1回あたりの旅行消費単価は20万円を超える国・地域もある。近隣のアジアからの観光客は、遠方の国・地域と比べて消費額は低い傾向にある。

　コウタは、滞在期間が比較的長い国・地域は、消費額も高い傾向があることはわかったが、国・地域別にもう少し詳しく比較してみると、そうとも言えない国・地域があることに気づいた。さらに、リピーターが多い韓国、台湾、香港は滞在期間が短い傾向にあるが、消費額には違いがあることにも関心を持った。このようにさまざまな比較をしてみて、滞在期間が長くなれば消費額も増えると言えるかどうか確認する必要があると思った。また、観光地は、単純に、地域経済に貢献する消費額を増やすために、遠方の国・地域をターゲットにすればいいということでもなさそうである。なお、観光庁は、「平成29年訪日外国人消費動向調査【トピックス分析】訪日外国人旅行者の訪日回数と消費動向の関係について」で、香港、台湾、韓国、中国を対象にリピーターについて分析をしている。訪日回数の増加とともに1人当たり消費額が高くなる傾向があること、とくに10回以上のリピーターは1回目に比べ20％〜40％程度高くなることを明らかにしている。こうした調査分析も参考にしてみよう。

4 おわりに

　コウタは、関係者に話を聞いたものの、ターゲットや方向性、手段がさまざまであった。すべてに注力できるほど資源はないため、まずはデータで事実を把握してみることにした。観光庁やJNTOのウェブサイトなどから、公表データを入手してグラフを作成した。この作業からでも、1）アジアからの観光客が急増した理由、2）韓国からの観光客が2018年〜2019年にかけて急減した理由、3）リピーターが多い国・地域とその要因、4）リピーターが多い国・地域とそうでない地域の訪問先の違い、5）リピーターと滞在期間の関係、6）滞在期間と消費額の関係という新たな疑問が出てきた。このように、データを使って「事実を把握」し、「その事実から新たな疑問を出す」、そして「新たな疑問をさらに調べる」ことは、現象を正しく把握して理解するために重要である。

　コウタは、作成したグラフにもとづく新たな疑問について、より深く調べてみようと思った。また、関係者から聞いた話についても、調べてみようと考えた。そして、コウタは、この地域の訪日外国人観光客を呼び込むための方向性を考え、今後について関係者と議論しようと思った。

❓ 考えてみよう

① 　図３‐４で、アジア地域からの観光客が急増した要因を考えてみよう。また、韓国からの観光客数が2018年～2019年にかけて減少していることがわかる。その理由を考えてみよう。

② 　訪日外国人数の滞在期間、消費額の違いを見るために、章末にあるデータのダウンロードサイトにアクセスして、それぞれグラフを作成してみよう。どのようなことが読み取れるか考え、他の人と議論して考えてみよう。また、観光庁のサイトから最新のデータを探して本文と同じように作図し、どのような変化があったか、考えてみよう

③ 　Google Scholar で「訪日外国人観光客　訪問先」と入力して検索してみよう。どのような論文があるか、またどのように研究されているか、他の人と議論して考えてみよう。

主要参考文献

観光庁「訪日外国人消費動向調査」（https://www.mlit.go.jp/kankocho/siryou/toukei/syouhityousa.html）

観光庁「平成29年訪日外国人消費動向調査トピック分析 訪日外国人旅行者の訪日回数と消費動向の関係について」（https://www1.mlit.go.jp/common/001226295.pdf）

日本政府観光局JNTO「月別・年別統計データ（訪日外国人・出国日本人）」（https://www.jnto.go.jp/jpn/statistics/visitor_trends/index.html）

次に読んで欲しい本

☆訪日観光の実態や実例について、詳しく学ぶには。

　高井典子・赤堀浩一郎『訪日観光の教科書』創成社、2014年

☆目的に応じたグラフの種類や作成方法について、詳しく学ぶには。

早坂清志・きたみあきこ『EXCELグラフ作成データを可視化するノウハウ』翔泳社、2015年。

【分析用データのダウンロード】

　本章の分析で使うデータは、ダウンロード専用サイトから入手できます。以下のQRコードを読み取ってダウンロードサイトにアクセスしてください。

https://www.sekigakusha.com/data/1st_32

第 1 章
第 2 章
第 3 章
第 4 章
第 5 章
第 6 章
第 7 章
第 8 章
第 9 章
第 10 章
第 11 章
第 12 章
第 13 章
第 14 章
第 15 章

第 4 章

分析から導かれる
訪日観光客誘致の戦略

1 はじめに

　データを使って現状把握をしたコウタは、関係者が考えるアピールポイントと照らし合わせて、この地域の訪日外国人観光客を呼び込むための方向性を考え、関係者と議論しようと思った。まずは、議論するための資料が必要である。そこでコウタは、さまざまな分析をして観光振興の方向性を探ろうと考えた。

　この章では、3つの分析を通してデータを可視化することにより、コウタが担当する地域のターゲティングを考えてみよう。

　分析1では、「人口に占める訪日観光客数の割合」を見る。中国本土からの観光客を例に考える。前章の図3 - 2から中国本土からの観光客数は、訪日外国人観光客数全体のかなりの割合を占めることはわかった。しかし、単純に人数が多いという理由だけで重要なターゲットだと判断してよいのか考えてみよう

　分析2は、「散布図を使ったセグメンテーション」である。遠い国・地域からの観光客を増やせば消費額は上がるか考える。図3 - 5のリピーター割合と滞在期間（自分で作成したグラフ）の関係から、近隣の国・地域からの観光客は、滞在期間は短いがリピーターの割合が多い傾向がある。また、滞在期間と消費額の関係では、滞在期間が長くなれば消費額も高くなる傾向がある。それでは遠方の国・地域からの観光客を増やすべきか考えてみよう。

　分析3は、「オーストラリアからの観光客の行動」である。RESASを使って分析する。オーストラリアからの観光客は、滞在期間も長く、消費額も高いが、どこを訪れているのかを見る。2012年と2019年の比較も行い、どのような変化があったのかも把握する。

　最後に、分析1〜分析3をもとに、コウタが担当する地域のターゲティングについて考えてみよう。

2　３つの分析

◆ 分析１：人口に占める訪日観光客数の割合

　第３章の図３−２で確認したとおり、2019年では、アジアからの訪日外国人観光客は全体の84.2%であり、そのうち中国本土30.1%、韓国17.5%、台湾15.3、香港7.2%、タイ4.1%である。

　コウタは、中国本土からの観光客は多いことは確認したが、そもそも人口規模が異なることを考慮しなくていいのか疑問に思った。中国本土の人口は約14億人であるが、韓国は約5,000万人、台湾は約2,300万人、香港は約750万人、タイは約7,000万人と違いがある。単純に言えば、中国本土は人口規模が大きいため、もし全国民が１人１回訪日すれば、当然、中国からの観光客数は莫大な数になる可能性がある。一方、人口規模が小さい香港では、１人１回訪日した場合、観光客数が750万人を超えることは当然ない。そのためコウタは、「その国・地域の人口全体のうち訪日観光した人の割合」を見る必要があると考えた。

　世界の人口規模は、国連が公表している。そのデータと図３−２で使用したJNTO「国籍/月別 訪日外客数（2003年〜2021年）」のデータを使って、「人口に占める訪日観光客数の割合」を算出してみよう。なお、データは章末にあるリンクからダウンロードサイトにアクセスすることでも入手できる。

　図３−４と図４−１を見比べてみよう。図３−４では、2018年のアジアからの訪日外国人観光客数は、中国、韓国、台湾、香港、タイの順で多かった。図４−１で、2018年時点での人口に占める訪日観光客数の割合が高い国・地域は、香港29.95%、台湾20.05%、マカオ17.21%、韓国14.73%、シンガポール7.59%である。また、図４−１のデータで確認すると、タイは1.63%、中国は0.59%である。訪日観光客数は少ないが人口に占める割合が高いところは、マカオ、シンガポールである。これらの国・地域の人口規模は小さいため、訪日観光客数も多くはならない。訪日観光客「数」だけで見ると、訪日観光客全体に占める割合としては小さくなってしまう。なお、図３−４で確認したとおり、2014年ごろからアジアからの観光客数が急増しているが、図４−１でも2014年以降の人口に占める割合

【図４-１　人口に占める訪日観光客数の割合】

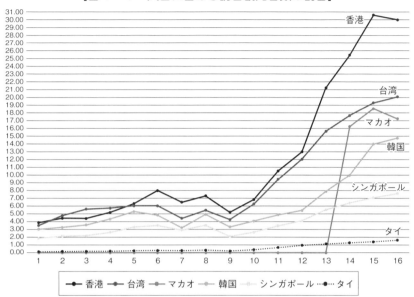

注：見やすくするため上位５か国のみ表示した。また、凡例を見やすくするため国・地域名を
　　表記した。
　　国連人口データが2018年までとなっているため、2019年は含めていない。小数点第二
　　位未満は四捨五入。
　　国・地域の順番は、割合が大きい順番である。マカオは2015年から個別に集計されてい
　　るため、それまでは不明である。
出所：国連人口データTotal population（both sexes combined）by region, subregion
　　　and country, annually for 1950-2100（thousands）および日本政府観光局JNTO
　　　「国籍/月別 訪日外客数（2003年〜2021年）」から算出

がいずれの国・地域でも高くなったことがわかる。

　　訪日観光客が増えている国・地域では、訪日した人を通じて日本に関する情報も
広がっていると想像できる。消費者に知ってもらい、消費者と交流するマーケティ
ング・コミュニケーションを考えれば、日本のことがあまり知られていない地域へ
のプロモーションと、訪日経験者が多い地域へのプロモーションは当然異なる
（Column４-２を参照）。コウタは、ターゲットに対して効果的なコミュニケー
ションをするためには、観光客数のみならず、人口に占める割合も考える必要があ
ることに気づいた。

◆ 分析２　散布図を使ったセグメンテーション

　コウタは、観光地への経済効果のため、消費額が高い訪日外国人観光客をター
ゲットにすることが重要だと考えた。そこで、消費額の高い訪日外国人観光客はど
のような人か把握することにした。より具体的に、１）滞在期間と消費額の関係、
２）リピーター割合と消費額の関係を散布図で分析してみる。散布図では、それぞ
れの平均値のところで縦軸と横軸を交差させると４つのエリアができる。ここでは、
各エリアを「グループ」と呼び、１）と２）の散布図から訪日観光客を４つのグ
ループ①～④に分けてみる。なお、縦軸と横軸が交差するところは、平均値である
必要はない。中央値や別の値でも可能である（中央値の説明は、第15章を参照）。
そのデータの特性（突出して高いまたは低い数値があって平均値に影響がある、
データの分布に偏りがある、など）を理解して決める。

１）滞在期間と消費額の関係
　次頁の**図４−２**は、横軸を平均宿泊数、縦軸を１回あたり平均消費額（単位：千
円）とした図である。データは2019年の調査結果を使っている。縦軸と横軸の交
わりは平均値で、平均泊数は9.4泊、平均消費額は15万3,000円である。黒点線枠
で囲ったように、次の４つのグループに分けてみよう。

> グループ①　長×高：相対的に滞在は長く、消費額は高い。
> グループ②　短×高：相対的に滞在は短く、消費額は高い。
> グループ③　短×低：相対的に滞在は短く、消費額は低い。
> グループ④　長×低：相対的に滞在は長く、消費額は低い。

　図４−２のグループ①は、滞在期間が長く、消費額が高い訪日観光客であり、遠
方の国・地域が多いことがわかる。一方、グループ③は、滞在期間が短く、消費額
が低い国・地域であり、日本の近隣の国・地域が該当している。グループ①と③は
「滞在期間が長く（短く）なれば、消費額は高く（低く）なる」という関係が表れ
ているグループである。逆に、②は滞在期間が短いが、消費額が高いグループ（中
国、シンガポール）であり、グループ④は滞在期間が長いが、消費額が低いグルー

【図4‐2　平均宿泊数と平均消費額】

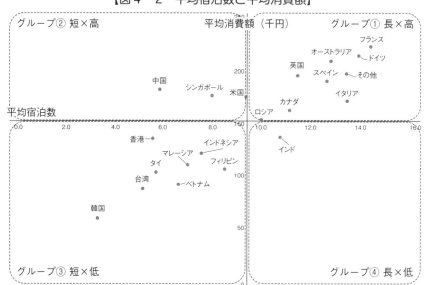

出所：観光庁「訪日外国人消費動向調査2019年」参考表4および6に基づき作成

プ（インド）である。つまり「滞在期間が長く（短く）なれば、消費額は高く（少なく）なる」とは必ずしも言えないことを示した、いわば、直感とは異なるグループである。このように、4つのグループに分けると、1つの図で比較しやすい。

2）リピーター割合と消費額（自分でやってみよう）

　次に、リピーター割合と消費額の関係を見てみよう。図4‐2のグループ③（短×低）のようにリピーター割合が少なく消費額が少ないグループや、グループ④のように長×低のようにリピーター割合も消費額も低いグループに該当する国・地域はあるだろうか？　グラフ作成の方法を見ながら、自分で作業してみよう。

　データは2019年の調査結果を使う。縦軸と横軸の交わりは平均値とし、リピーター割合の平均は43.9％、平均消費額は15万3,000円である。

　グラフを作成したら、図4‐2と同じように、4つのグループ（a）～（d）を確認してみよう。

> グループ（a）　多×高：リピーターの割合は大きく、消費額は高い。
> グループ（b）　少×高：リピーターの割合は小さく、消費額は高い。
> グループ（c）　多×低：リピーターの割合は大きく、消費額は低い。
> グループ（d）　少×低：リピーターの割合は小さく、消費額は低い。

◆ 分析３：オーストラリアからの観光客

第4章

　コウタが勤務する観光地には、温泉とスキー場がある。コウタは、以前、日本の
スキー場に、オーストラリアからの観光客が多く訪れており、とくに北海道のニセ
コが人気だと聞いたことがあった。コウタの勤務する観光地のスキー場には、訪日
外国人観光客はほとんど訪れていないようである。オーストラリアからの観光客は、
滞在期間も長く、消費額も高い（図４－２のグループ①）。そこで、オーストラリ
アからの観光客が国内のどこを訪れているのかを把握してみることにした。

　経済産業省と内閣官房（まち・ひと・しごと創生本部事務局）が提供している
「RESAS」（Regional Economy（and）Society Analyzing System）という地
域経済システムがある（Column４－１参照）。このシステムでは、日本国内の都道
府県および市町村別に、さまざまな政府統計の情報（人口、観光客数など）を地図
上で見ることができる。コウタは、RESASを使ってオーストラリアからの観光客
を分析することにした。

　まず、2019年の１年間で、オーストラリア人がどの都道府県にどの程度訪れた
のか。RESASのウェブサイトで、「メインメニュー　→　観光マップ　→　外国
人訪問分析」の順で操作し、2019年のオーストラリアからの観光客を指定した。

　図４－３は、オーストラリアからの観光客が訪れた都道府県のうち、上位10都
道府県を示したものである。北海道のニセコが人気のスキー場と聞いたが、図４－
３では北海道は８位である。同じようにスキー場が多い長野県は６位であり、北海
道よりも訪問している。第３章で確認した訪問先の順位と比較してみよう。

　2012年の１年間はどうだったか。RESASで2012年を指定して、オーストラリ
アからの観光客の都道府県別訪問客数を調べてみよう。このときは、オーストラリ
アからの観光客は、長野県よりも北海道により多く訪れていた。2012年時点では、
２つの県はそれぞれ何位になっているだろうか？　なお、2012年と比べ、2019
年のオーストラリアからの観光客数は増加しており、北海道も長野県も訪問客数自

【図4−3　2019年：オーストラリアからの観光客の都道府県別訪問者数】

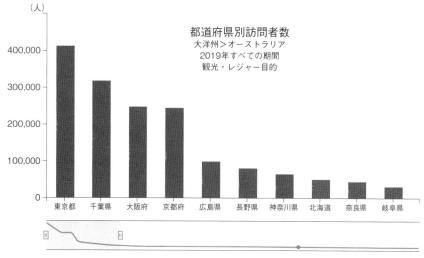

出所：RESAS

体は伸びている。図4−3と2012年の縦軸の数字を確認してみよう。

　オーストラリアからの観光客は、北海道や長野県にスキーのために訪れていない可能性もある。コウタは、季節ごとの比較も必要だと考えた。季節別の人数を見るため、四半期（1−3月、4−6月、7−9月、10−12月）ごとの推移を見てみる。RESASでは、四半期ごとにグラフが作れる。また、1年間の推移を見ることができる。**図4−4**は2018年〜2019年の推移である。

　スノースポーツが主な訪問目的であると考えられる冬の期間（1−3月期）を見てみよう。図4−4から、2019年1−3月期は、4万人強のオーストラリアからの観光客が北海道に訪れており、長野県は6万人を超えている。いずれも他の時期と比べて多いことから、オーストラリアからの観光客は、北海道や長野県にスキーのようなスノースポーツ目的で訪れていると考えられる。同様に、RESASで2011年〜2012年の推移も確認してみよう。北海道や長野県への訪問はどうなっているだろうか？

【図４－４　2018年〜2019年推移：
オーストラリアからの観光客の都道府県別訪問者数】

都道府県別訪問者数の推移

大洋州＞オーストラリア
2018年・2019年
観光・レジャー目的

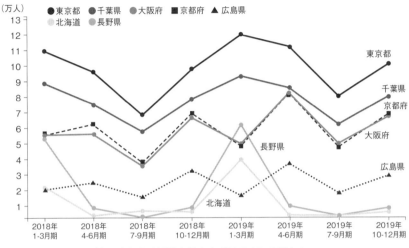

注：該当する都道府県名をグラフ上に表記した。
出所）RESAS

3 訪日観光客のターゲティング

　ここでは、コウタが担当するデスティネーション・マーケティングにおける、ターゲティングを考えてみよう。デスティネーション・マーケティングは、第２章で説明したように、潜在的な観光客にとって他の観光地よりも魅力的にして（市場での競争力を高め）、アピールし訪問客を増やすこと、そしてその観光地で観光に関わる主体（企業や住民など）をまとめていくことである。ターゲット・セグメントに対して４つのＰを適切に組み合わせて潜在的な観光客のニーズを創造・開拓し市場を拡大しなければならない。また、第３章でコウタが聞いた各関係者が考える地域のアピールポイントに対して、説得力をもって説明し、議論のもとにしなければならない。

> ┌─ Column 4 − 1 ─┐
>
> # 地域経済分析システム「RESAS」
>
> 　地域経済分析システム（RESAS：Regional Economy (and) Society Analyzing System）は、地方創生のさまざまな取り組みを情報面から支援するために、経済産業省と内閣官房（まち・ひと・しごと創生本部事務局）が提供している。RESASでは、日本全国または都道府県・市町村の地図上に、公表データをもとに産業の状況や人流などを示す。本章で利用した「観光マップ」の他、人口、地域経済循環、産業構造、企業活動、消費、まちづくり、医療・福祉、地方財政の各マップを表示することができる。また、新型コロナウイルス感染症が地域経済に与える影響を可視化するため、V-RESASも公開されている。V-RESASは、週ベースで人流や飲食店などの売上、取引の状況などを確認することができる。
>
> 　RESASでは、さまざまな分析をすることができる。例えば、基盤産業を考えてみよう。基盤産業は、ある地域の経済を支える産業のことであるが、何が基盤産業なのか見極めるのは簡単ではない。「この地域は観光で成り立っている」と表現されることがあるが、基盤産業であるかどうかはどう判断すればいいだろうか？Column 2 − 1で触れたように「観光産業」という産業は日本標準産業分類にはないため「宿泊・飲食サービス業」という分類で見てみよう。1つの方法は、その産業の「特化係数」を見るという方法である。これは、その地域におけるある産業の従業者比率を全国におけるその産業の従業員比率で割ったものである。特化係数が1を超えると、基盤産業と捉えることができる。RESASで、本章で取り上げる長野県を見てみよう。「産業構造マップ→全産業→稼ぐ力分析」とし、長野県を指定、表示レベル「市区町村単位」、表示内容「特化係数（従業者数）」、表示産業「宿泊業、飲食サービス業」、ヒートマップを選択する。そうすると、画面の地図上に長野県の市町村別に「宿泊業、飲食サービス業」の特化係数が表示される。濃い表示ほど特化係数が高い。野沢温泉や他の市町村がどうなっているか確認してみよう。

コウタが勤務する地域は以下のような特徴がある。

- 山間の観光地で温泉とスキー場がある。
- 自然に恵まれ、歴史があり、伝統文化が継承されている。
- 食材も豊富で、地産地消にも取り組んでいる。
- 観光地として国内では有名である。

• 海外にも広まり始め、訪日外国人観光客も増えている。

　まず、本章第２節の３つの分析から、ターゲティングを考えてみよう。ポイントは、ターゲットへのアプローチの仕方である。

　分析１で見た人口に占める訪日観光客の割合は、図４－１にあるとおり各国・地域で異なる。人口に占める割合が小さい国・地域は訪日観光経験者が少なく、日本にどのような観光地があるのか、何ができるのかなど、日本の情報があまり知られていない可能性がある。一方、人口に占める割合が大きい国・地域は訪日観光の経験者が多く、日本に関する情報も多いだろう。「ほとんど知られていない」場合と「よく知られている」場合では、マーケティング戦略は異なる。

第4章

Column 4 - 2

観光地のライフサイクル

　製品ライフサイクルを知っているだろうか？　縦軸に売上、横軸に時間をとり、一般的に、①導入期、②成長期、③成熟期、④衰退期で表す。そして、各期に応じたマーケティング戦略が検討される。①導入期では、その製品は世の中には知られていないため広告を通じて認知度を高める。②成長期は、購入希望が高まるので、多くの人が製品を購入できるように生産量を増やして流通ルートを確保する。③成熟期は、製品の種類を増やすなどして消費者が飽きないようにする。企業間の競争も激しくなるので、他社との差別化も必要になる。④衰退期は、新たな製品（後継品）に移行する時期で、企業は市場撤退のタイミングを探る。ただし、すべての製品が①〜④の段階を経るわけではなく、途中で市場から消えることもある。

　この製品ライフサイクルの考え方は観光地にも適用されており、TALC（Tourism Area Lifecycle）モデルと言われる（Butler, 1980; Butler, 2006）。縦軸に観光客数、横軸に時間をとり、さらに細かく段階を分けて、①探索期、②関与期、③発展期、④統合期、⑤停滞期、⑥衰退期または⑥若返り期の６段階にする研究もある。⑤停滞期から⑥衰退期に至る場合もあるが、⑥若返り期に至る場合も示されている。観光地は、製品やサービスと異なり、市場から消えることは容易ではない。昔は人気のあった観光地が、いわゆる廃れた観光地になっていることがあるが、これは⑥衰退期にあると言える。一方、⑤停滞期に新たな観光客に見直されて人気が再燃するなど、⑥若返り期に入る観光地もある。各段階で、どのような

戦略を行うかが重要である。

　しかし、製品のライフサイクルでも言えることだが、一定の時期を経て過去を振り返ればこれら4段階ないし6段階を認識できるものの、「いま」が「どの段階」にあるのかを判断することは難しい。他の類似の観光地と比較するなどして、段階を見極めることが必要となる。

		観光客数	市　　場	施　　設
①	探査期 Exploration	わずかな観光客	他と異なる自然、文化に魅せられた客層	地元住民と共有
②	関与期 Involvement	増加	ターゲットが定着	観光客向けに整備開始。旅行会社等から交通インフラ整備等の要望
③	発展期 Development	地元人口数と同等あるいは上回る増加率はピークを迎える。	明確なターゲット人口の多い地域で広告を出し、需要喚起	地域外企業による大型施設の建設（とくに宿泊施設、アトラクション施設） ※地元のコントロール外
④	強化期 Consolidation	③発展期より増加率は低下。 総数は増加。	シーズンやエリア拡大のため、マーケティングを展開	観光関連の大規模チェーン企業が定着追加的な投資はほとんどない。
⑤	停滞期 Stagnation	ピークに達する。	イメージは定着 しかし、流行の最先端ではない。	供給過剰の傾向 集客のためメンテナンスに相当な努力を要する。
⑥－1	衰退期 Decline	減少 競争はなくなる。	人口の多い地域に近接していれば、日帰り観光地に転換	地元住民用の施設に転換
⑥－2	若返り期 Rejuvenation	さらなる増加	新規市場の開拓	1）新規施設の増設 2）オフシーズン用の新規施設

　また、分析2で見た滞在期間と消費額の関係では、**図4－5**のように、グループ③（短×低）を、グループ②（短×高）にする場合と、グループ①（長×高）にする場合では、戦略も必要な資源も異なる。

　グループ③をグループ②にする場合は、「滞在期間はそのままで、消費額を高める」ことになる。例えば、グループ③に属する国・地域からの訪日観光客がほしいモノやサービスを調べて、その観光地の資源で対応できることを考えて実行する。新製品・サービスの開発（Product）や、価格の見直し（Price）、流通ルート（購

入や利用できる場所などの工夫）（Place）、コミュニケーション（Promotion）による認知率の向上など4Ps（第２章参照）の修正を考える。

【図４-５　平均泊数と平均消費額に基づくターゲティングと戦略】

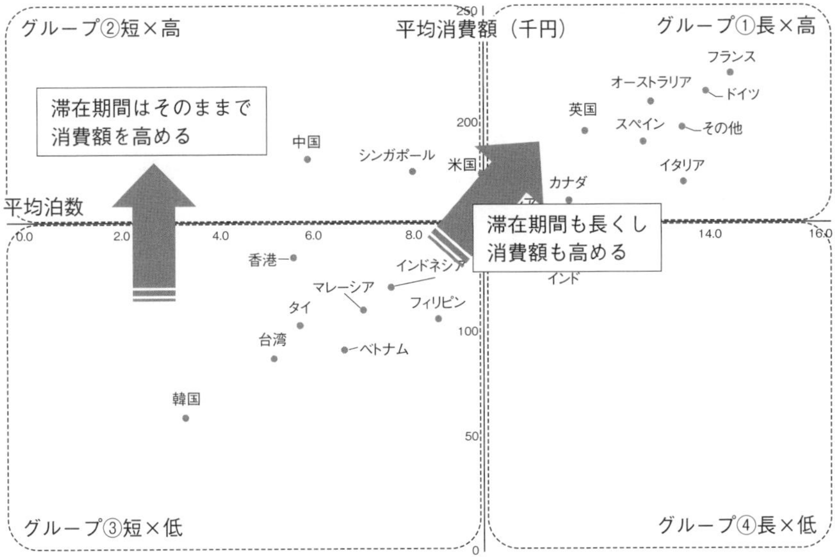

グループ②短×高　　　　　　　　　　　平均消費額（千円）　　　　　　グループ①長×高

滞在期間はそのままで消費額を高める

滞在期間も長くし消費額も高める

平均泊数

グループ③短×低　　　　　　　　　　　　　　　　　　　　　　　　　　グループ④長×低

出所：観光庁「訪日外国人消費動向調査2019年」参考表４および６に基づき作成

　一方、グループ③（短×低）をグループ①（長×高）にする場合は、「滞在期間も長くし、消費額も高める」ことになる。どうすれば長く滞在するのかを調査分析し、それに合わせて消費額を高める方策も検討する。

　この２つを比較するだけでも、ターゲットを決め、どうアプローチするのかによって、その戦略もそのための資源配分が大きく異なることが明らかだろう。さらに、分析２に加えて確認するべき点も思いつくだろう。例えば、消費額は１回あたりの平均消費を使用したが、消費総額はどうだろうか？　何度も訪日するリピーターであれば、１回あたりが少額でも総額は大きくなる可能性がある。

　企業と同じように観光地がもつ資源は限られているため、すべてのセグメントをターゲットとするような全方位的な発想（「みんなに来てもらいたい」）ではなく、データによる現状把握と分析に基づくSTPと4Psの設定が重要である。

　次に、分析３オーストラリアからの観光客について、RESASの結果をもとに考

えてみよう。オーストラリアからの観光客は、冬の期間（1－3月期）に、長野県や北海道に訪れている。なぜ、長野県の方が増えたのだろうか？　北海道の雪質と長野県の雪質が異なるのだろうか？　それとも、長野県がオーストラリアからの観光客をターゲットに、何かプロモーションをしたのだろうか？　あるいは、SNSで「バズった」何かがあったのだろうか？

　長野県が公表している統計データを確認してみよう。長野県では、「外国人延宿泊者数調査」を実施している。2019年度（令和元年度）の調査結果のうち、参考の表6「主な市町村別の状況（2,000人泊以上）」では、長野県内の市町村別に、国・地域ごとの延宿泊者数が示されている。これによると、オーストラリアからの延宿泊者数は19万8,542人であり、台湾に次いで2番目に多い。宿泊先は、野沢温泉村7万2,653人（37％）、白馬村5万1,939人（26％）、山ノ内町2万7,678人（14％）で、野沢温泉村に多くのオーストラリア人観光客が宿泊している。

　次に、クチコミサイトTripadvisorでの評価を確認してみる。ここでは、ニセコビレッジスキー場（Niseko Village Ski Resort）と野沢温泉スキー場（Nozawa Onsen Resort）の英語でのクチコミを見てみよう。ニセコの4つのスキー場のうち、ニセコビレッジスキー場についてのクチコミに注目する。**表4－1**は、2015年～2019年のオーストラリアからのクチコミを中心に取り上げたものである。ニセコビレッジスキー場（ニセコ）も野沢温泉スキー場（野沢温泉）も、雪質について「パウダースノー」であることが評価されている。ニセコでは、「豊富なコースや設備」、「スタッフ」など、スキー場に対する評価がある一方で、「混んでいる」、「アジアやオーストラリアからの観光客が多い」、「日本らしさが感じられない」、といった評価もある。野沢温泉は、「知る人ぞ知るスキーリゾート」、「混んでいない」という評価の他、「伝統的な温泉街で日本文化に触れられる」など街に対する評価

【表4－1　Tripsdvisorの評価】

	ニセコビレッジスキー場 （Niseko Village Ski Resort）	野沢温泉スキー場 （Nozawa Onsen Resort）
主な評価	パウダースノー、豊富なコース、便利なリフトやゴンドラ、スタッフが親切、食事に困らない、アジアやオーストラリアからの観光客がたくさんいる、混んでいる、日本らしさが感じられない	パウダースノー、伝統的な温泉街、温泉が楽しめる、日本の文化に触れられる、知る人ぞ知るスキーリゾート、混んでいない、人々が親切、スキーと温泉以外にやることはないがゆっくりできる

出所：Tripadvisorのクチコミから抽出し、日本語に訳した

も多い。また、「スキーと温泉以外にやることがない」というのも悪い意味ではなく、「ゆっくり滞在できる」という評価になっている。

　表4－1の比較から、ニセコは雪質などのスキー場の評価は野沢温泉と変わらないが、人気が高まって観光客が増え混雑したため、あまり知られてなく混雑していないスキー場が求められたと考えられる。その結果、野沢温泉が「知る人ぞ知るスキー場」として注目を集め、かつ「日本の伝統的な温泉街」という文化にも触れられるスキーリゾートとしてニセコとは別の評価がされている。オーストラリアからの観光客のスキーリゾートに求めるニーズが、年々変化しているとも考えられる。

　Tripadvisorの他にも、WebサイトやSNSでどのようなクチコミや画像・動画が投稿されているかを調べてみよう。また、ハッシュタグやフォロワーの数を調べると、共有されている情報も把握できる。

第4章

4 おわりに

　この章では、コウタが公表データを使って現状を把握し、それに基づいて、DMOとして関係者に対してどのような説得や調整をすべきなのかを検討した。

　もちろん、公表データ（二次データ）で把握すれば十分なわけではない。公表データでは、例えば、観光客数や訪問地、滞在期間、消費額などはわかるが、なぜ訪問したのか、なぜそれを買おうと思ったのかという動機などはわからない。そのため、直接、質問票調査（アンケート調査）やインタビュー調査に答えてもらう消費者調査のような一次データ収集が必要になる（一次データと二次データの違いについては、第14章を参照）。これ以降の章では、さまざまな調査手法、いわばデータの作り方が紹介される。各章を読みながら、対象を観光地やDMOの役割に置き換えて、何を知るために、どのような調査手法を使ってデータが作れるのかを考えてみよう。そして、「考えてみよう」で作成するコウタの資料に追加してみよう。

？考えてみよう

① 人口に占める訪日観光客の割合（図4－1）、滞在期間と消費額の関係（図4－2）、リピーター割合と消費額の関係（自分で作成）から、コウタが勤務する地域は、どの国・地域の訪日観光客をターゲットにすべきか、考えてみよう。

② 前の問題でターゲットとした国・地域の訪日観光客について、RESASでどこを訪問しているか調べてみよう。

③ ターゲティングした国・地域からの訪日観光客のクチコミなどを確認してみよう。Tripadvisor などのクチコミサイトやSNSのハッシュタグやフォロワーの数を見て、どのような評価や情報があるか確認し、他の観光地とどのような違いがあると思われているか、考えてみよう。

主要参考文献

RESAS　地域経済分析システム（https://resas.go.jp/）

Tripadvisor（https://www.tripadvisor.jp/）

Butler, R. W.（1980）. The Concept of a Tourist Area Cycle of Evolution. *The Canadian Geographer, 24*（1）, .5‐12.

Butler, R. W.（2006）ed. *The Tourism Area Life Cycle: Aspects of Tourism,* Vol.1, Vol.2, Channel View Publications Ltd., U.K.

次に読んで欲しい本

☆訪日外国人集客の戦略について、詳しく学ぶには。

池上重輔監修・早稲田インバウンド・ビジネス戦略研究会『インバウンド・ビジネス戦略』日本経済新聞出版社、2019年。

☆企業の経営や戦略について、詳しく学ぶには。

中川功一・佐々木将人・服部泰宏『考える経営学』有斐閣、2021年。

【分析用データのダウンロード】

本章の分析で使うデータは、ダウンロード専用サイトから入手できます。以下のQRコードを読み取ってダウンロードサイトにアクセスしてください。

https://www.sekigakusha.com/data/1st_32

第 II 部

顧客満足度調査から相関分析を学ぶ

第**1**章
第**2**章
第**3**章
第**4**章
第**5**章
第**6**章
第**7**章
第**8**章
第**9**章
第**10**章
第**11**章
第**12**章
第**13**章
第**14**章
第**15**章

第 **5** 章

文化的コンテンツと顧客満足の理論

1 はじめに

　第Ⅱ部では美術館の顧客満足度調査を題材にして、調査の設計方法や集計方法、相関分析を学ぶ。第5章では顧客満足の考え方を中心に文化的コンテンツの特徴について、第6章では質問票調査の作成と相関分析について、第7章ではインタビュー調査とデータ分析の組み合わせについて学ぶ。

　私たちは、食べ物や衣服、住宅のように姿形あるモノを消費するだけでなく、美容師に髪を切ってもらう、会計士から専門的なアドバイスをもらうというように、サービスを消費することもある。多様な製品やサービスが供給され、それが需要を上回っている状況では、企業が製品やサービスを作りさえすれば必ず売れるということはない。したがって、顧客が求めるものをよく考えて作る必要がある。このような顧客志向の理念のことをマーケティング・コンセプトという（Column 5-2参照）。顧客やニーズのことを深く考えなければいけないのは通常の製品やサービスだけでなく、美術館のような文化的なコンテンツを展示するサービスでも同様である。

　第5章から第7章では顧客満足の概念を学ぶとともに、2変数間の関係を分析する相関分析を取り上げる。大学生のアイと「さくらミュージアム」に勤めるハルカとともに、文化的コンテンツのマーケティングとデータ分析を学ぼう。

2 顧客満足の理論

　大学3年生のアイがさくらミュージアムを知ったきっかけは、Instagramだった。トップ・ページがきれいで統一感があって、印象に残ったのだ。もともと趣味のゲームを通じて刀剣に熱中していることもあり、企画展に何度か実際に足を運んでいくうちに、ミュージアムの仕事にも関心が芽生えた。この春からは、学生インターンとして業務を体験している。

　アイのメンターを務めるハルカは、さくらミュージアムのマーケティング担当者だ。彼女はいま、美術館を頻繁に訪れてくれるようなファンづくりを、特に若者世代のファンづくりの施策を考えるよう館長から指示されている。

　「私たちのさくらミュージアムを取り巻く状況は楽観視できません。お客さま
の余暇の過ごし方は多様化していて、アートにかかわるさまざまなビジネスは激
しい競争にさらされて久しい。とくに若者世代は、スマホを通じて膨大な情報が
手に入るからか、繰り返し来館してくださるリピーターが少ない。しかし、この
まま衰退を待つわけにはいきません。お客さまが当館のどこに満足し、どこに不
満を感じているのかを調べたうえで、対策を考えてください。」

　館長にそう言われ、ハルカとアイは改めて、展示が行われている現場の様子をみ
てみることにした。

　展示フロアに入ると静けさがただよう。刀剣好きのアイにとって、いま開催され
ている備前刀の展示は楽しみでたまらない。実は昨日、友達とちょっとしたことで
ケンカして落ち込んでいたのだが、お気に入りの刀を眺めているうちに、もやもや
した気持ちが消えていった。暗がりの中でかがやく刃文（はもん）の美しさは、な
んとも言葉では言い表せない。

　ふと我に返って周囲を見渡すと、60〜70歳代と思われる来館客にまじって、ハ
ルカやアイに近い20〜30歳代の来館客もぼつりぼつりと姿がみえる。今日は会期
が終了する前の最後の週末で、来館者数をかせぎたいところだが、やや閑散として
いる。刀剣の熱狂的なファンであるアイとしては、この状況はさびしい。

　素晴らしい展示にもかかわらず来館者が少ないと思ったアイがハルカに尋ねたと
ころ、サービスを提供する美術館側と、来館者の認識のギャップを指摘された。展
示自体がいくら素晴らしくても、それが十分に伝わっていなければ、来館者の評価
は高まらないだろう。

◆ さくらミュージアムの現状と課題

　アイとハルカが勤めるさくらミュージアムは、かつて城下町として栄えたさくら
市の歴史を知ることのできる唯一の美術館として、1975年に開館した。江戸時代
以来の名産品として知られる絹織物のほか、地元の陶芸家や彫刻家、画家の作品な
ど約2,400点を収蔵している。その大半は、さくら市出身のある実業家が蒐集して
きた品々を寄贈されたものだ。

　この実業家は青年のころから郷土の歴史に興味を持ち、とりわけ日本刀に強い関
心をもってきた。有名な刀工の作品をはじめ、美術品としての刀剣の蒐集や調査・

研究に熱心に取り組んでいて、その成果は現在開催されている刀剣の企画展を支える重要なコレクションともなっている。

　このようにユニークなコレクションを持つさくらミュージアムだが、近年は来館者と売上や利益の減少に悩まされている。さくら市は人口6万人弱の小さな都市で、人口60万人のかえで市や40万人のひのき市からは、車でも電車でも1時間半かかる。全国的に有名なさくら祭りと名物の川魚が捕れる季節は比較的多くの観光客が訪れるものの、年間を通して多くの来県者に来館してもらうのは非常に難しい。地域の新聞に取り上げてもらうなど、メディアに名前が出ることがないわけではない。しかし、さくらミュージアムの名前を知っている県民でも、「地元の実業家による、物珍しいミュージアム」という程度の認識にとどまっており、所蔵品の興味深さのような重要なことが十分に知られているとはいえない。

　問題はそれだけではない。苦戦するミュージアムにありがちな、来館者にとって親しみを感じづらい雰囲気があるのだ。例えば、展示品のそばに設置されている説明書きには、専門家の調査研究の成果が詳しく説明されている。しかしこれを目にする来館者の大半は、専門的な知識をもっているわけではない。説明が難しすぎるとうまく理解できないのだ。また、人気を集めつつある刀剣を扱った企画展を除けば、多くのイベントがややマンネリ化してしまっているようだ。

　館長をはじめとするミュージアムの面々は、日々さまざまな展示に触れており、これらが人の心を豊かにすることを日頃から実感している。だからこそ、それが顧客へ十分伝わっていないことに、アイもハルカも歯がゆい思いをしている。

　ここ数年、ミュージアムの来館者は少しずつ減っている。唯一といってよい例外は刀剣の企画展で、このように普段と比べて多くの客数を見込める機会はあるけれども、会期が終わればまたもとの客数に戻ってしまう。刀剣のときにしか来館しない顧客が一定程度いるということだ。さくらミュージアムとしては、リピーターを増やしたいと考えている。

　顧客が他のミュージアムや他の娯楽にいってしまう原因はどこにあるのだろうか。さくらミュージアムの入場料は、他のミュージアムと比べて高くはない。原因はおそらく展示の仕方であるとアイは考えているが、ハルカの考えはそれとは異なる。競合となる施設の人気イベントや、さくらミュージアムの広告戦略のやり方、展示空間の快適さ、スタッフの接客など、来館者の多面的な評価が問題だとハルカは考えていた。

　たしかに、来館者の満足度を高めてリピーターを増やすには、さまざまなポイン

トの改善を考えなくてはいけない。しかし、すべてのポイントを一度に改善するのは現実的に困難である。資金も人手も、余裕があるわけではないのだ。そこで、改善のポイントに優先順位をつけて、その上位から改善していくのが望ましいだろう。

　来館者の評価を調べ、どのような要因がさくらミュージアムの満足につながり、反対にどのような要因が不満につながっているのか調べることが、さくらミュージアムの活性化に不可欠だと２人は考えた。

◆ 顧客満足と期待不確認理論

　アイはさくらミュージアムのマーケティングを考えるにあたり、企業がマーケティングをする理由についてはっきりとさせてく必要があると感じた。ビジネスにとってマーケティングが必要な理由を考えるには、まずマーケティングとは何をすることなのかを押さえておく必要があるだろう。第２章で説明したとおり、マーケティングの目的は、潜在的な消費者の欲しいものや必要なものを創造・開拓し拡大することである。このようなマーケティングが実現できたら、ターゲットとなる顧客は満足するはずである。

　顧客満足が高ければ、次の購買の機会でも同じ製品・サービスやブランドを選ぶリピート購買が起こりやすくなる。また、その製品やサービスに対して、SNSでシェアしてくれたり、好意的なクチコミを書いてくれるかもしれない。例えば観光のようなサービス（第Ⅰ部参照）とか、家具や住宅のような買回り品のように、消費者の興味・関心が強く、慎重に購入を計画するようなものでは、顧客満足を高めることが非常に重要であることがイメージできるだろう。

　反対に、製品・サービスを使ってみた顧客が不満を抱いてしまう場合についても考えてみよう。あるブランドの製品・サービスを利用した結果、そのブランドを２度と買わないと決意してしまう。あるいは、店舗やカスタマー・センターなどの部署へクレームを述べて、返金などの対応を求める。友達など、周囲の人に不満を述べる場合や、否定的なクチコミをSNSなどに流してしまうということもあるだろう。こうした満足しなかった消費者の行動は、その当事者のみならず、その製品・サービスをこれから消費するかもしれない、潜在的な消費者にもネガティブな影響を及ぼしてしまうことがある。したがって、顧客満足が低い消費者を生まない努力と、そうした消費者に対する適切な対応が必要なことがわかるだろう。

　では、ある製品・サービスの消費を経験した顧客がそれに満足するか、あるいは

不満を抱くかは、どのように決まるのだろうか。第2章でも取り上げたマーケティングの代表的な教科書『コトラー&ケラーのマーケティング・マネジメント』によれば、顧客は消費をする前の期待と消費をした後の評価（知覚パフォーマンス）とを比べる。知覚パフォーマンスが事前に期待していた通りであれば、顧客は満足を覚える（コトラー&ケラー，2014）。知覚パフォーマンスが期待を下回れば、がっかりしたり不満を感じたりする。知覚パフォーマンスが期待を上回れば、より大きな喜びや満足感を得ることになる。これを期待不確認理論という（詳細はColumn 6-2を参照）。

　消費をする前に顧客が抱く期待は、過去の消費経験や、友人・同僚の意見、マーケターや競合他社から得た情報や保証にもとづく。期待があまりにも高過ぎれば、既に述べたように、顧客が不満を覚えるおそれが高まる。しかし、期待が低過ぎれば、そうした製品・サービスを購入してみようという可能性が下がってしまう。買ってもらい、経験してもらい、パフォーマンスを評価してもらうチャンスそのものが減ってしまうということだ。すぐれたマーケターは、顧客から高い期待を寄せてもらいつつ、その期待に応えるパフォーマンスを提供する必要がある。

◆ 顧客満足と利益の両立

　しかし、顧客満足は重要だけれども、それだけで企業が存続できるというわけではない。企業は顧客満足のみならず、お金をもらって利益を獲得する必要がある。4つのPの考え方にもとづくと、来館者はサービスを良くして、入館料を安くすれば、満足度を高めてくれるはずである。しかし、儲けがなければ、ミュージアムは新たな企画展を開催したり、展示する設備を整えたり、従業員に給料を支払ったりすることができない。いま目の前にいるお客さんを満足させることで利益を獲得し、そのお金を使ってさらなる顧客満足を実現する。それがさらなる利益を生み出すという循環が企業の存続を支えているのである。つまり、顧客満足と利益は両立される必要がある。

　そのためには、自社と自社の顧客とで行われる交換・取引にのみ目を向けているのでは不十分である。製品・サービスが売れ続けるには、消費者とうまくコミュニケーションできるとか、いつも安定して高品質なものを作れるとか、あるいは競合する他社と渡り合う、といったさまざまな力量が企業に求められる。さらに、自社の内外の状況が、時とともに変化していくことにも目配りが必要である。例えば、

刻々と変わる消費者のニーズがどこにあるのかを知るためには、適切な情報収集や分析が欠かせない。自社の製品について、適切な情報を社会や顧客に向けて、適切な仕方で発信することも必要になってくるだろう。このように、自社と自社の顧客を取り巻くさまざまなプレーヤーや社会とのかかわりにも注意を向ける必要がある。

　アイは顧客満足を高めることとマーケティング活動の全体像について学んだことで、マーケティング担当者（マーケター）が考えなければいけない範囲の広さに驚いた。さくらミュージアムに来てくれる目の前のお客さんだけではなく、ミュージアムに携わるすべての人や活動がお客さんに見られているという意識を持つ必要があると感じた。

3 文化的コンテンツとサービス・ドミナント・ロジック

　マーケティングの教科書とさくらミュージアムの状況を比べたときに、アイはさくらミュージアムにとっての製品やサービスは何だろうかと考えた。さくらミュージアムが来館者に提供しているのは当然サービスになるのだが、見てもらう作品を個々の来館者の好みに沿って変更することはできないし、単に来館者全体の好みに合わせるだけではミュージアムとしての役割を果たせない気がした。ミュージアムは文化の発信という、もう1つの役割もあるからだ。アイは文化的コンテンツの特徴をもう少し学ぶ必要があると感じた。

◆ 文化的コンテンツ

　映画やテレビ番組、ゲーム、音楽ライブ、アート作品などを楽しむという消費はおなじみだろう。このような、余暇の楽しみを提供するような分野では、空腹を満たすとか、住居を清潔に保つといった日常生活を支える商品のように、利便性や必要性の高さをセールス・ポイントにすることが難しい。しかしだからといって、文化的コンテンツにはマーケティングが不要だということではない。むしろ、利便性や必要性といった功利的な訴求ポイントによることなく顧客満足を実現しなければならないとすれば、それは文化的コンテンツにすぐれたマーケティングが必要だということだ。

　先ほど学んだ顧客満足と文化的コンテンツを組み合わせて考えてみよう。衣服や

Column 5 - 1

コンテンツ産業とクリエイティブ産業

　経済産業省が2020年2月にまとめた『コンテンツの世界市場・日本市場の概観』によれば、コンテンツ産業は5分野に分類できる。①音楽（にライブやCD販売、音楽ダウンロードやストリーミングなど）、②出版（書籍や雑誌、新聞とそれらの電子版など）、③映像（月額制または都度課金の有料放送や映画館、DVD販売、動画配信など）、④ゲーム（パッケージまたはダウンロードして利用するコンソールゲームやPCゲーム、モバイルゲームなど）、⑤キャラクター（玩具やアクセサリ、アパレル、食品・飲料などで使われる）の5分野である。

　これに対してクリエイティブ産業には、上述の音楽やゲームなどのほか、伝統工芸や建築、美術、ファッション、食などが含まれることが多い。

　とくに2010年代以降、日本のコンテンツ産業の歩みには、クリエイティブ産業のそれと重なるところがある。経済産業省クールジャパン政策課・デザイン政策室『デザイン政策ハンドブック2020』によれば、同省は2011年にクールジャパン海外戦略室を改組・拡大するかたちでクリエイティブ産業課を創設し、2017年にはクールジャパン政策課に改組している。「クールジャパン」とは、クリエイティブ産業を振興する戦略の名称である。

　文化・芸術的なコンテンツ産業が他の産業に対してもつ波及効果は大きく、訪日観光客の増加や日本（国）のブランド価値向上など、さまざまな方向へその影響が及ぶ。例えば、瀬戸内海の島々を舞台とする「瀬戸内国際芸術祭」や能登半島の最先端に位置する珠洲市の「奥能登国際芸術祭」といったアート・イベントは、創造性を活かした地域活性化だといえる。またTVドラマ「北の国から」の富良野市のほか、アニメや映画といった映像作品のロケ地や舞台となった地域を訪れる一種のコンテンツ・ツーリズムは、文化・芸術的コンテンツに触発された旅行・消費だといえる。

食べ物、住宅を購入・使用することで寒さや飢えをしのげるとか、歯ブラシを使うことで歯の健康を維持できるとか、消臭スプレーを使うことで気になる臭いを軽減できるというのは、その製品・サービスが持つ明快な機能を評価している。これに対して文化的コンテンツの消費は、より主観的な経験だと考えられる。同じ映画や音楽ライブを経験したとしても、それがどの程度優れたコンテンツであったか、評価が人によって異なることはよくあるだろう。パフォーマンスに対する知覚が、個々の消費者の趣味や嗜好の影響を大きく受けるタイプのビジネスであるといえる。

このような特徴をもつ文化的コンテンツの顧客満足について、現状を適切に把握し、改善点を明らかにすることがアイとハルカにとっての当面の課題となる。

◈ サービス・ドミナント・ロジックの考え方

　アイとハルカは、マーケティング教科書を読んだことで、顧客満足と利益をバランスよく追求する必要があることがわかった。しかし、さくらミュージアムの場合は、普通の製品やサービスと違って、お客さんのニーズが明確ではないため、壁にぶつかった。館長に相談してみると、サービス・ドミナント・ロジックという概念を紹介してくれた（ラッシュ＆バーゴ, 2016）。

　サービス・ドミナント・ロジック（以下、S-Dロジックと略記）と、それ以前からあったモノの交換や取引を中心としたマーケティングの考え方（グッズ・ドミナント・ロジック、G-Dロジック）との間には、いくつかの違いがあるようだ（**表5－1**）。

　市場における売り手と買い手の交換がマーケティングの中核部分をなしているというG-Dロジックの考え方は、従来からあった。ここでいう交換とはもちろん、売り手が製品・サービスを提供し、それに対して買い手はお金を支払うという、製品・サービスとお金のやり取りだ。なぜ交換が成立するかを考えてみよう。それは、売り手からみれば、自社の製品・サービスを提供する見返りとしてお金を受け取った方が自分にとってより価値があるし、買い手からみれば、お金を提供する見返りとして相手の製品・サービスを受け取った方が自分にとってより価値があるという具合に、双方が納得しているからだ。

【表5－1　S－DロジックとG－Dロジックの違い】

	S-Dロジック	G-Dロジック
価値のとらえ方	使用価値	交換価値
顧客のとらえ方	利用者	購買者
価値を生み出す主体	企業と顧客	企業

出所）ラッシュ＆バーゴ（2016）を元に筆者作成

　そうだとすれば、売り手は買い手が何を欲しているのかを探り、その欲求に応えられるようなマーケティング・ミックスを設計することで価値を顕在化させて、買

い手へ提供する。買い手は、そうした価値が自分の支払うお金の価値よりも高いと認識したならば、交換に応じる。そうではなく、お互いに相手の提供物が交換に値すると見做さなければ、交換は生じない。したがって売り手である企業は、買い手が交換に値すると思うような価値を、自社の提供物に内在化させる必要がある。このような考え方を、交換価値に基づくマーケティングという。

　こうしたG-Dロジックの見方—企業がつくり出した製品・サービスの価値を、顧客が受け取るという見方—に対して、S-Dロジックでは、価値をつくる主体は買い手であると捉える。売り手側にできるのは、価値を押し付けることではなく、価値を提案することのみである。製品・サービスを使用して—例えばミュージアムで作品を鑑賞して—みて、そこにどのような価値が見いだされるかは、最終的には買い手の主観に委ねられている。

　このように考えると、例えば新しい企画展を考えるというように、製品・サービスのコンセプトを考えるときには、交換価値のみならず使用価値（消費者にとっての便利さや快適さなどを提供する、物やサービスの機能や性能のこと）を高めることに注意する必要がありそうだ。そしてこの使用価値は、顧客がその時々におかれている状況によって異なる。

　例えば、同じ来館者であっても、1人で来たときは展示物を「収集」する楽しさが価値となり、親しい友人と一緒に来た場合は展示物について「語り合う」楽しさが価値となると考えられる。同じ人が同じ製品・サービスを使用していても、おかれている状況が異なれば、異なる価値が創造されうるわけである。

　ミュージアムと来館者は、どちらも価値共創の参加者である。ミュージアムのマーケターとしては、何をどのように訴求・提案すると顧客の心に響き、価値共創につながるのかを考える必要がある。事前にすべてを予測することは難しいけれども、さまざまな文脈に対応できるような企画展の内容を考える必要がある。

4 おわりに

　企業は高い顧客満足の実現を目指す。しかし、それだけが目標ではない。もしもある企業が、単に価格を引き下げたり、さまざまなコストを増やして品質を追求したりすることのみによって顧客満足の増大を目指したとすれば、結果として利益が減ってしまう。企業は、従業員や取引先企業、株主といったさまざまなステークホ

Column 5 - 2

顧客志向の進化

　マーケティング論の大家であるセオドア・レヴィットが「マーケティング・マイオピア（marketing myopia」という表現を用いて事業を適切に捉えることの大切さを説いたのは、1960年のことである。当時、テレビが一般家庭に普及することによりアメリカの映画会社が危機に陥ったのは、彼らが自分たちの事業を「映画制作」と誤って認識し、製品を中心に事業を定義してしまったからだという。そうではなく、顧客を検討の中心に据えて、顧客にとって映画とは一体何であるのかを考えて「エンタテインメントの提供」と自社の事業を定義づけていたならば、より適切に危機回避できたかもしれない。このエピソードの教訓は、製品やサービス、さらに情報があふれかえっている状況で顧客に十分満足してもらうには、マーケターは常に顧客のニーズを理解しておく、つまり顧客志向を実現する必要がある、ということである。市場をセグメンテーション（S）し、ターゲット（T）市場に向けて他社よりも優れた製品を開発・提供してポジショニング（P）することで、顧客満足を実現する。これがSTPに基づいた顧客志向の基本的な考え方である（第2章参照）。

　ところが、製品・サービスの品質水準がますます高度になり、コモディティ化が進み、多様で複雑な社会問題が次々と顕在化している今日、こうした考え方のみで顧客満足を得ることは難しくなっている。これまでのように顧客のことを製品・サービス・情報の受け手としてのみ捉えていると、企業と消費者、さらにさまざまなステークホルダーが価値を共創し、社会をより良くしようとするコミュニケーションに参加しているという見方を遠ざけてしまう。本文で説明した通り、S-Dロジックという考え方では、価値をつくる主体はあくまでも買い手であり、売り手側にできるのは価値を提案することのみである。この考え方に基づけば、多様なステークホルダーが満足する価値の共創が実現できるはずである。

ルダー（利害関係者）とかかわりを持っており、顧客満足のみを追求するようなコストのかけ方はできない。顧客満足と利益を両立する必要があるのだ。この点は文化的コンテンツの分野についても同様である。他のビジネスと同じように文化的コンテンツもまた競争にさらされており、生き残ることを考えなくてはいけない。S-Dロジックの考え方を使えば、消費者も価値共創者である。単に画一的にサービスを提供するだけでなく、顧客にあったサービスの提供が求められる。

　本章では、顧客満足という概念やS-Dロジックの概念について具体的な事例をま

じえて確認してきた。第6章では、顧客満足を測定するためのデータ収集とその具体的な作業について見ていくことにする。

❓ 考えてみよう

① 身近なファストフード・レストランを例に、顧客満足に影響する要素について、考えてみよう。

② 第Ⅱ部のキーワードである「顧客満足」をGoogle Scholar（https://scholar.google.co.jp/）やGoogleで検索してみよう。いくつかの資料・論文を確認して、顧客満足という概念が学問的・実務的にどのように使われているか、考えてみよう。

③ 一般的な製品・サービスのマーケティングと文化的コンテンツのマーケティングとは何が異なるのか、考えてみよう。

主要参考文献

フィリップ・コトラー、ケヴィン・L. ケラー『コトラー＆ケラーのマーケティング・マネジメント第12版』（恩藏直人監修、月谷真紀訳）丸善出版、2014年。

ロバート・F・ラッシュ、スティーブン・L・バーゴ『サービス・ドミナント・ロジックの発想と応用』（庄司真人・田口尚史訳）同文舘出版、2016年。

次に読んで欲しい本

☆顧客満足について、詳しく学ぶには。

　小野譲司『顧客満足［CS］の知識』日本経済新聞出版社、2010年。

☆顧客満足が高い企業の事例について、詳しく学ぶには。

　黒岩健一郎・牧口松二・福冨言・川又啓子・西村啓太『なぜ、あの会社は顧客満足が高いのか―オーナーシップによる顧客価値の創造』同友館、2012年。

第1章

第2章

第3章

第4章

第5章

第6章

第7章

第8章

第9章

第10章

第11章

第12章

第13章

第14章

第15章

第 6 章

顧客満足度の質問票調査

1　はじめに

　第6章では、質問票調査の設計と回答の集計、相関係数について学ぶ。質問票調査とは、いわゆるアンケート調査のことである。

　アイとハルカは来館者の顧客満足を調べるため、調査を行うことにした。顧客満足を高めるためには、現在の状況を知っておく必要があると考えたからだ。まずは調査の目的を明確にしておこう。今回の目的は、ミュージアムのどこを改善すべきかを知り、その対応策を考えることだ。アイとハルカは、この目的を果たすのに顧客満足度の質問表調査（顧客満足度調査）が必要だと考えた。

　まず、調査票（アンケート）を作成する必要がある。2人は、顧客満足度調査で回答者に尋ねるべき質問項目と回答の選択肢を考えた。お手本になる顧客満足度調査の例を見つけて、それをさくらミュージアムに置き換えて、不自然な質問とならないよう見直した。調査票ができたら、回答をお願いする対象者の人数を決めて、人数分の調査票を用意しておき、来館者に調査協力を依頼する。手元に戻ってきた調査票をみて、データの集計と分析を行い、改善点と改善策をみつける。この章では、顧客満足度調査のより具体的な作業を確認していく。なお、これから紹介するデータは、あくまでもさくらミュージアムについての「架空」のものであることに注意されたい。

2　質問票調査の設計と調査イメージ

◆ 調査目標の確認

　アイとハルカはさくらミュージアムの現状をより深く理解するために、データを収集・分析することにした。まず、10年間の来館者数を確認してみた（**図6 - 1**）。2021年のデータをみると、1日あたりの平均来館者数は100人である。入館料は800円、グッズの1人あたり平均売上は200円なので、1日の売上は概ね10万円だ。10年前は現在よりも好調で、1日あたりの平均来館客数は140人であった。

入館料と1人あたりのグッズ売上にも変化はなかったので、1日あたりの売上としては約4万円の減少である。

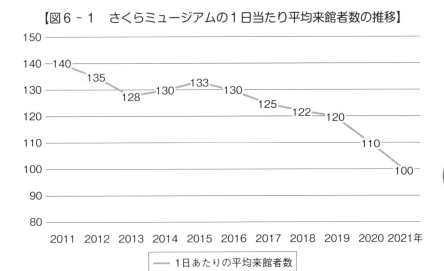

【図6-1　さくらミュージアムの1日当たり平均来館者数の推移】

したがって、さくらミュージアムの経営が厳しくなってきた原因は、来館者数が一貫して減り続けていることであることが確かめられた。したがって、ミュージアムの経営を改善するためには新規の来館者を増やすか、すでに来館してくれている人がもっと頻繁に来てくれるようにするかのいずれかを目指すべきである。

アイの考えに対し、ハルカはさくらミュージアムの状況をより冷静に分析していた。第1に、新規顧客を増やすためには、知名度を高めるための積極的なPR戦略が必要となるが、さくらミュージアムの経営状態では、新規の取り組みを実施する資金がない。第2に、さくら市は小さな都市であり、市内唯一の美術館であるから、知名度は一定程度あると考えられる。これら2つの理由から、すでに来館した経験がある人に対して、リピート率を高める取り組みを実施すべきであるとハルカは考えていた。

一般的に、新しい顧客に1回購買してもらうことと、既存の顧客にもう1回購入してもらうことは売上としては同じであるが、そのためにかかるマーケティングのコストは後者の方が小さい。隣接するかえで市やひのき市から1時間半もかけて来館してもらうよりは、いつも来てくれるお客さんに満足してもらい、頻繁に足を運

んでもらう方が現実的であると、ハルカは考えた。

　アイとハルカは満足度調査を実施するための準備を始めた。

◆ 調査手法の決定と調査の準備

　調査をすると言ってみたものの、大学生のアイにとっては何から手を付ければいいのか、全く見当もつかない。質問票のような定量調査と、インタビューのような定性調査があることはわかっているが、どちらを最初にやるべきか判断が難しい（定量調査と定性調査については第14章参照）。アイが悩んでいると、ハルカは探索的な質問票調査を勧めてくれた。

　通常の仮説検証型の調査では、最初にインタビューを実施し得られた知見から仮説を考え、質問票調査で得られた定量データによって統計的な分析をする流れが一般的である。しかし、今回のさくらミュージアムにおける満足度調査では、満足度に影響を及ぼす要素を事前に想定することができるため、質問票の結果でミュージアムの課題を特定し、その後インタビュー調査で来館者の心理を深掘りすることになった。満足度に影響を及ぼす要素については、ミュージアム側で設定するものの他にも、SNS等に書かれているクチコミの内容を参考にすることで、適切な項目を設定することができる。

　ハルカのアドバイスに従って、質問票調査を最初に実施することに決めた。質問票調査は主に、回答者の属性に関する部分と調査の目的に直接かかわる部分とに分けられる。回答者のデモグラフィック変数と呼ばれる属性情報（性別、年齢、学歴、職業、居住地、収入など）を尋ねる理由は、回答者間の属性による違いを明らかにするためである（デモグラフィック変数については第2章参照）。例えば、属性情報を集計することで、さくらミュージアムの来館者にはどのような傾向があるのか（男女差や年齢の傾向など）を知ることができる。さらに、満足度調査と組み合わせることで、より具体的な結果の解釈（例えば、女性の満足度は高いが、男性の満足度は低いなど）が可能となり、改善策を練る際のターゲティングが可能となる。しかし、収入などの情報は回答したくない人も多く、プライバシーの問題もある。全体の質問数を考慮して収集する属性情報の数を決めると良いだろう。

　顧客満足に関する質問は、大きく分けて製品やサービスの種類に依存しない一般的な質問項目と、その製品やサービスの特性に依存した質問項目とがある。一般的な質問は、対象製品やサービスの購買理由やこれまでの購買回数、総合的な満足度、

再購買（再利用、再訪問）意向などである。自動車や家など購買頻度が少ない製品・サービスの場合には、再購買意向ではなく推奨意向（他の人に購買を勧めるか）を聞いてみても良いだろう。購買理由に関して、選択される代表的な理由がわかっている場合には選択肢を用意すればよいが、購買理由がよくわからなかったり、事前に想定していない購買理由を探索したい場合には自由記述欄を作ると良いだろう。

　製品やサービスに依存した質問とは、顧客満足度調査の対象となる製品やサービスの特徴を反映した質問である。さくらミュージアムのケースでいえば、展示物の内容や数、展示物の解説といったミュージアムが提供する本質的なサービスとともに、スタッフや施設への評価といった展示物以外の要素、ミュージアムのグッズなどが質問項目になるだろう。こうした製品・サービスの固有の要素に関連付けた質問を行うことで、改善すべき点を特定することができる。ただし、思いつくものをすべて挙げれば良いというものでもない。回答者の負担も考えながら、ミュージアムの建物といったハード面と展示内容やスタッフなどのソフト面のバランスを意識して作成することが望ましいだろう。

◆ 質問票の配布と分析イメージ

　アイはミュージアム固有の質問項目についてハルカに相談し、SNSのクチコミを参考にしながら、顧客満足調査の質問内容を決めることができた。しかし、これで質問票が完成したわけではない。分析をイメージしながら質問に対する回答方法を決めたり、質問票の配布・回収方法まで考える必要がある。

　「スタッフの説明に満足している」という項目に対して、「はい・いいえ」と回答してもらう場合と、「とてもそう思う（5点）・そう思う（4点）・どちらともいえない（3点）・そうは思わない（2点）・全くそうは思わない（1点）」のように回答してもらう場合とでは、集まるデータが異なる。「はい・いいえ」で回答してもらうと、満足と不満足という2つの状態しか表現できない。しかし、5段階や7段階で評価してもらうことができれば、「どちらともいえない」というような状態を含め、満足・不満足の強さを表現することができるようになる。「とても満足」と「そこそこ満足」のように、満足の程度には段階があり、改善点を探る上で重要性の評価ができるようになる。ただし、評価を細分化すれば良いというわけではない。例えば、それぞれの項目を100点満点で評価する状況を想像してもらいたい。55

点と60点の違いを意識できるだろうか。おそらくほとんどの回答者にとって、数点の違いは意味を持たないだろう。回答者が点数の差を意識できないほど評価の段階を細かくしても、集まったデータの違いに意味はない。反対に回答者を困らせる要因にもなる。5段階や7段階が一般的なのは、こうした理由があるからである。

　アイは、自分が回答する立場で質問項目を考えてみることが重要であると考えた。来館者に対して、帰宅後にスマホで回答してもらうとしたらGoogleフォームが便利かもしれない（Googleフォームの使い方について第Ⅲ部を参照。）。その場合には、ミュージアムの入場券にQRコードを印刷すればURLへの誘導が簡単だろう。しかし今回はインターンの立場なので、入場券へ印刷してもらうような取り組みはできない。紙を追加で渡しても自分だったらすぐに捨ててしまう。仕方がないので、今回はミュージアムの出口で、その場で簡単に答えてもらう形式にしよう。

　アイはハルカから聞いた分析イメージという言葉にいまだに引っかかっていた。満足度調査は回答者のデータをエクセルに入力して平均を出せばよいのだろうか。ハルカはアイにアドバイスした。

　　「もちろん質問項目ごとの平均値を大事だけれども、今回は総合的な顧客満足につながる項目がわかると良いよね。相関係数って聞いたことある？　相関係数を計算するためには、はい・いいえではなく、5段階や7段階で回答してもらう方が良いよ。」

　相関分析は2つの変数の間にある関係を確認する分析である。「はい・いいえ」の回答でも、回答者の中の「はい」の比率を計算することで、改善が必要な要素の重要性を評価できるかもしれないとアイは考えていたが、総合的な満足度との関係を考えるのであれば、5点尺度のように、ある程度段階がある方が望ましい。アイはようやく調査と分析の繋がりが理解できたような気がした。

3 質問票の回答と相関分析

　アイがハルカと相談しながら苦労して作った質問票が**図6−2**である。この質問票を印刷して展示をすべて見終わった来館者に回答をお願いすることにした。平日の来館客と週末の来館客とでは属性が異なることが予想されたため、1週間にわたり調査を実施することにした。1日に100人程度の来館客が見込まれるが、回答

┌─ Column 6 - 1 ─

質問票調査の「一回性」

　質問票調査の特長は、多数の調査対象に関する多様な情報を効率よく収集することができる点にある。インタビュー調査のような他の調査手法を思い浮かべてみても、この特徴が顕著であることがイメージできるだろう。インターネットや電話、郵送で行う質問票調査であれば、回答者が地理的に広い範囲にいる場合でも、比較的容易に行うことができる。

　こうした利点はあるものの、質問票調査には難しい点もある。質問票調査というものは、回答者との一度限りの「出会い」を大切にして確実に情報を収集しなければならないという意味で「一度限りの真剣勝負」だからである（佐藤、2015）。

　よく見られる失敗は、調べようとしている事柄に対応する定番の尺度が存在するかどうかを調べずに、自己流で作成した質問票で調査を行ってしまうことである。手本となるような尺度が既に存在しているのであれば、それを積極的に活用すべきである。ただし、そうした既存の尺度がそのまま利用できないこともある。そのような場合は、それを手本にしつつ適宜変更を加えることもできる。自己流でまったく新しい尺度を作ってしまうよりは、よほど適切な質問項目を設定することができるだろう。

　また、「本番」に臨む前に予備調査をしておくことも大切である。ここまでの作業で作成した質問票について、可能な限り実際の回答者に近い人に回答してもらう。この段階では、あまり多くの人に回答してもらう必要はない。作成者側が想定していなかったような誤りや誤解を生みかねない不適切な表現などさまざまな不備が見つかることがよくあるため、予備調査は重要である。質問票に書かれた内容は、読み手である回答者から見て、書き手である調査者の意図通りに受け取れるものになっているのかを慎重にチェックすると良いだろう。

に協力してくれる人ばかりではないだろう。無理強いすることなく、協力してくれる人を探した結果、1週間で50人から回答を得ることができた。回答の結果をエクセルに入力したものを、**表6 - 1**に示す。

　アイは表6 - 1を作成するにあたり、図6 - 2にある回答者属性をどのように入力するべきかを検討した。例えば、性別のデータは「男性」「女性」と言葉で入力することもできたが、分析を行うことを考えると、「1」と「0」に置き換えて入力することにした。幸い「答えたくない」を選択した回答者はいなかったため、2

【図6－2 さくらミュージアムの顧客満足度調査の質問票】

さくらミュージアムの今後の改善のために、アンケート調査を実施しております。
お時間をいただいて申し訳ありませんが、以下の質問にお答えください。
なお、調査の内容は集計して統計的に処理するため、個人が特定されることはありません。
ご協力お願い致します。

1．あなたご自身について教えてください。当てはまるものを丸で囲んでください。

性別	男性	女性	答えたくない
年齢	10代	20代	30代
	40代	50代	60代以上
居住地	さくら市内	それ以外	
さくらミュージアム への来館回数	初めて	2～4回	5回以上

2．さくらミュージアムについてあなたのお考えを教えてください。

	全くそう思わない	そうは思わない	どちらともいえない	そう思う	非常にそう思う
① 展示物の配置は分かりやすい	1	2	3	4	5
② 展示物の数は十分である	1	2	3	4	5
③ 展示は知的な興味・関心を満たす内容である	1	2	3	4	5
④ スタッフは親切である	1	2	3	4	5
⑤ スタッフは展示についての知識を豊富にもっている	1	2	3	4	5
⑥ 展示フロアは清潔である	1	2	3	4	5
⑦ 展示フロアは快適に歩き回れる	1	2	3	4	5
⑧ ミュージアム・ショップでの買い物は楽しい	1	2	3	4	5

3．さくらミュージアムのすべてについて，総合的な評価を教えてください。

不満	やや不満	普通	やや満足	満足
1	2	3	4	5

4．さくらミュージアムにもう1度訪問したいと思いますか。

全くそう思わない	そうは思わない	どちらともいえない	そう思う	非常にそう思う
1	2	3	4	5

ご協力ありがとうございました。次のご来館をお待ちしております。

つの値で性別を表現することができた。同様に、年齢はそれぞれの年代を「１」から「６」で、居住地についてはさくら市内を「１」、それ以外を「０」、来館回数は「初めて」を「１」、「２〜４回」を「２」、「５回以上」を「３」と入力することにした。こうした性別や年齢のようなカテゴリーに関するデータを数字で表現することで、エクセルや統計ソフトでのデータ処理が容易になる。特に「１」と「０」だけで表現する変数をダミー変数と呼ぶ。なお、上・中・下のようにカテゴリーが３つ以上になる場合にも、ダミー変数を２つ用いることで、（0,0）、（0,1）、（1,0）のようにカテゴリーを表現できる。

　なお、本章で使うデータは章末のリンクからダウンロードできる。

【表６‐１　回答結果のイメージ】

項目／回答者	性別	年齢	居住地	来館回数	配置	数	興味・関心	親切度	知識	清潔	回遊性	ショップ	総合評価	再訪意向
1	1	3	1	1	4	5	1	5	4	1	5	2	3	3
2	0	5	1	3	5	1	4	4	2	4	4	4	4	4
3	1	6	1	2	1	2	5	5	1	5	5	3	2	3
4	1	2	0	1	4	5	3	2	3	1	1	5	5	4
5	0	5	1	2	1	1	4	1	4	1	5	4	2	2
・	・	・	・	・	・	・	・	・	・	・	・	・	・	・
・	・	・	・	・	・	・	・	・	・	・	・	・	・	・
・	・	・	・	・	・	・	・	・	・	・	・	・	・	・
50	0	6	0	3	2	2	4	2	4	2	1	4	4	5

　最初に、回収されたデータの全体の傾向を把握するため、クロス集計表と記述統計表を作成する（**表６‐２、表６‐３**）。クロス集計とは、２つの変数を組み合わせて人数（度数）を数えたものである。記述統計とは、各変数の平均値や中央値、最頻値、標準偏差、最大値、最小値といったデータの性質や傾向を表す数値のことである。なお、記述統計の意味やエクセルによる計算方法については、第15章を参照されたい。

　表６‐２で示した性別と年齢によるクロス集計表を作ったことで、アイと同じ

【表6‐2　性別と年齢のクロス集計表】

	男性	女性	合計
10代	0	2	2
20代	2	10	12
30代	3	8	11
40代	7	3	10
50代	3	3	6
60代以上	5	4	9
合計	20	30	50

【表6‐3　記述統計表】

	平均値	標準偏差
配置	2.94	1.39
数	3.18	1.38
興味・関心	3.06	1.32
親切	3.10	1.40
知識	3.20	1.25
清潔	3.12	1.30
回遊性	3.34	1.51
ショップ	3.26	1.26
総合評価	3.14	1.41
再訪意向	3.16	1.11

20代の女性の来館客が多いことがわかった。おそらく、アイと同様、刀剣目当ての来館者であると推測できる。ハルカが普段の業務で感じていた来観者の傾向と一致したデータが得られた。

　一方、表6‐3に示したように、顧客満足にかかわる質問について平均値と標準偏差を計算してみたが、こちらは解釈が難しいようだ。「配置」の平均値が低いのはわかるものの、それ以外の項目はほぼ同じ程度に見える。データの散らばりを表す標準偏差も計算してみたが、アイには解釈が難しいようだ。

　標準偏差が大きいということは、来館者によって評価が分かれていることを意味している。反対に標準偏差が小さければ、同じような評価をした来館者が多かったことを示している。つまり、標準偏差が比較的大きい「回遊性」の評価は来館者によって違いが大きく、標準偏差が比較的小さい「再訪意向」については、多くのお客さんの意見が似ているという解釈になる。

　ただし、クロス集計表と記述統計表だけでは、改善策を考えるためには不十分である。

◆ 相関係数の計算

　アイとハルカは、当初の計画通り、相関係数を計算してみることにした。相関係数は２つの変数間の関係を表現する指標で、総合的な評価や再訪意向と相関係数が高い要素を探すことで改善策の手掛かりになるかもしれない。アイは相関係数の計

Column 6 - 2

顧客満足に関する専門的な調査

　日本生産性本部は、定期的に日本版顧客満足度指数（JCSI、Japanese Customer Satisfaction Index）の調査を行い、その結果を公表している。JCSIは、サービス産業の生産性を測る1つの指標として経済産業省・研究者・各企業の協力支援のもとで開発された顧客満足度調査の1つである。この章で扱った相関分析による顧客満足度の分析とは異なり、共分散構造分析という手法を使って分析している。より具体的には、「アンケート設問に対する回答結果」という直接観測される数値から、その製品・サービスを利用する前の時点での予想・期待（「利用前の予想・期待」）や「利用した際の品質評価」といった、それ自体は直接観測できない数値（潜在変数）を導き出し、これらと「顧客満足度」などの他の潜在変数との因果関係の強さがどうなっているかを調べている。さまざまな業種・企業のサービスについて調べられるように設計されており、JCSIが構築した顧客満足のモデルの上で、そうした複数の企業のサービスに対する満足を比較することができる。

　JCSIは、第5章で説明した期待不確認理論（Expectation-Disconfirmation Theory）と呼ばれる理論をベースに開発されている。この理論は、消費者が製品・サービスを購入する前に抱いていた期待と、購入後の評価（知覚パフォーマンス）の大小関係によって、態度が満足か不満足か決定されるという理論である。事前の期待よりも購入後の知覚パフォーマンスが大きい場合には顧客は満足を覚える。反対に、知覚パフォーマンスが期待を下回れば、がっかりしたり不満を感じたりする。

　この理論に基づいて顧客満足度指標を算出している主要な先行研究の1つがACSI（American Customer Satisfaction Index）である。ACSIはさらなる先行研究をもとに、産学連携による開発作業を経て、1994年から調査を開始している。

　なおこの章では、エクセルで簡単にできる満足度の分析を行った。JCSIのような複雑なデータ分析を学ぶためには、各章で紹介されている発展的な書籍を参考にしてもらいたい。

第6章

算方法を調べてみた。エクセルでCORREL関数を使って、2つの変数の範囲を指定すれば計算されることがわかった。例えば、エクセルのF列の2行目から51行目にある「配置」のデータと、N列の2行目から51行目にあるにある「総合評価」の相関係数を計算するためには、相関係数を出力したいセルに「＝ CORREL（F2:F51,N2:N51）」と入力すればよい。

　しかし、すべての組み合わせを１つひとつ計算するのは手間がかかるため、エクセルの分析ツールを使うこともできる。アドインにある「データ分析」にある、「相関」からすべてのデータを選択すれば、すべての変数の組み合わせが一度に計算される。なお、エクセルのアドイン「データ分析」の使い方は第15章を参考にしてもらいたい。アイは**表6−4**のような相関係数表を作成した。

【表6−4　相関係数表】

	配置	数	興味・関心	親切	知識	清潔	回遊性	ショップ	総合評価	再訪意向
配置	1									
数	0.16	1								
興味・関心	−0.11	0.12	1							
親切	−0.06	0.15	0.40	1						
知識	0.28	0.26	0.33	0.06	1					
清潔	0.03	0.22	0.34	0.26	0.05	1				
回遊性	0.01	−0.00	0.38	0.17	0.21	0.26	1			
ショップ	0.17	−0.12	0.19	−0.04	0.20	0.24	0.20	1		
総合評価	0.12	0.31	0.71	0.50	0.44	0.22	0.18	0.25	1	
再訪意向	0.06	0.22	0.43	0.29	0.29	0.06	0.16	0.06	0.72	1

　相関係数は２つの変数間の関係を−１から１の値で表現したものである。例えば、「興味・関心」と「総合評価」の間には0.71と高い正の相関関係がある。これは、「興味・関心」の評価が高いときには「総合評価」も高く、「興味・関心」が低い場合には「総合評価」も低くなることを意味している。反対に、相関係数が−１に近い、高い負の相関関係がある場合には、一方が増えたときに他方は減少という反比例の関係が観察される。相関係数がゼロの場合には、２つの変数間に上記のような関係は見られないことを意味する。

　総合評価と再訪意向の間の相関係数は0.72でかなり高い。つまり、満足してくれた来館者はもう１度来たいと思ってくれていると解釈できる。総合評価と個別の項目の相関係数を見てみると、どの要素もプラスになっているものの、特に「興味・関心」の相関係数が高い。一方、「配置」と「総合評価」との間の相関係数は0.12と低い。こうした低い相関係数の場合にも、弱い関係があると解釈してよいのだろうか。

　重要なのは、出力された相関係数に統計的に意味があるかどうかを確認すること

である。統計的に有意かどうかを確認する意味について、詳細な説明は第15章を参考にしてもらいたい。ここでは簡単に説明をする。

　アイとハルカが議論している相関係数は、2つの変数があればどのような変数の組み合わせであっても計算は可能であり、何らかの数字が出力される。しかし、本来は相関係数がほぼゼロである変数間にも、少数のサンプルを取り出したことにより偶然にプラスやマイナスの相関が出力される場合があるだろう。このように偶然に起きるかもしれない範囲の相関係数であれば、「統計的に有意ではない」と判断する。反対に偶然には滅多に起きないほど大きなプラス、あるいはマイナスの相関係数であれば「統計的に有意である」と判断する。その偶然に起きる水準を慣例的に5％や1％で定める場合が多く、「5％（1％）水準で有意である」と表現する。相関係数の有意確率の計算についても第15章を参考にしてもらいたい。

　アイは有意確率の計算方法についてハルカに教えてもらい、それぞれの相関係数について有意確率を計算し相関係数表を作り直した（**表6‐5**）。なお、有意な相関係数にはアスタリスク（*）のマークを付けた。

　最初に作った相関係数表ではすべての要素が総合評価と相関があるように見えたが、有意確率を計算し、5％、あるいは1％水準で有意な相関係数だけを見てみると、どの要素を改善するべきかが明確になった。

　「興味・関心」だけではなく、「親切」や「知識」といったスタッフにかかわる要素も満足度と有意な相関がある。反対に、「配置」や「回遊性」といった来館者の動線に関係する要素は総合評価や再訪意向と有意な相関はないようだ。

　このように、アイとハルカは改善すべき要素を相関係数から導いたが、相関係数の解釈には注意が必要な点がある。それは、相関係数は直線的な関係しか表すことができないという点である。今回の質問項目には、良くなれば良くなるほど満足が高まるようなものだけを設定している。しかし、ちょうど良い程度がある項目を質問する場合には、相関係数を使うべきではない。例えば親切（「スタッフが親切である」）ひとつを取ってみても、親切過ぎるのを嫌がる来館者がいるかもしれない。直線的な関係以外にも何らかの関係がある場合があるので、最初に散布図を書いてみるのが望ましい。

　アイは相関係数を勉強するだけで頭がいっぱいだったので、直線以外の関係についてまで頭が回っていなかったが、言われてみればもっともだ。ひとまず、アイとハルカは顧客満足の相関分析を行うことで、さくらミュージアムの改善の方向性を決めることができた。ただし、具体的にどのように改善するべきかについては、

【表6‐5　相関係数表（有意確率あり）】

	配置	数	興味・関心	親切	知識	清潔	回遊性	ショップ	総合評価	再訪意向
配置	1									
有意確率										
数	0.155	1								
有意確率	0.284									
興味・関心	−0.109	0.118	1							
有意確率	0.449	0.416								
親切度	−0.060	0.149	0.395**	1						
有意確率	0.681	0.303	0.005							
知識	0.278	0.264	0.329*	0.058	1					
有意確率	0.051	0.064	0.02	0.687						
清潔	0.027	0.215	0.341*	0.261	0.048	1				
有意確率	0.855	0.135	0.015	0.067	0.742					
回遊性	0.010	−0.001	0.381**	0.167	0.213	0.259	1			
有意確率	0.945	0.997	0.006	0.246	0.137	0.069				
ショップ	0.172	- 0.121	0.188	- 0.038	0.201	0.242	0.2	1		
有意確率	0.232	0.401	0.192	0.793	0.163	0.091	0.164			
総合評価	0.118	0.311*	0.708**	0.497**	0.436**	0.223	0.178	0.254	1	
有意確率	0.413	0.028	0.000	0.000	0.002	0.119	0.215	0.075		
再訪意向	0.059	0.220	0.425**	0.290*	0.286*	0.057	0.162	0.057	0.724**	1
有意確率	0.684	0.125	0.002	0.041	0.044	0.695	0.262	0.694	0.000	

＊５％水準で有意。　　　＊＊１％水準で有意。

ターゲットを明確にした上で、来館客から詳しい話を聞く必要がありそうだ。

4　おわりに

　本章では、アイとハルカがさくらミュージアムの顧客満足を調べるために、質問票の設計から質問票の配布・回収、データの集計、記述統計、相関係数の分析までを行う様子を紹介した。質問票調査は、調査の目的を明確にした上でデータの分析イメージを持ちながら計画・設計する必要がある。調査目的に関する質問だけでなく、回答者の属性データを合わせて聞いておくことで、より詳細な分析と解釈が可能になるだろう。

　相関係数は2つの変数間の直線的な関係の程度を表すことができる。アイとハルカは来館客の満足に影響すると予想される要素と、総合満足度の間で相関係数を計算することで、改善の手がかりを得ることができた。両者が因果関係であれば、その要素を改善することで総合的な顧客満足が改善し、再訪問の意向が高まるはずである。

❓ 考えてみよう

① 　本章で使ったデータを章末のリンクからダウンロードし、本章の流れを参照しながらエクセルを使って相関係数を計算して、分析結果から何が言えるのかを考えてみよう。

② 　相関係数による分析に適さない2つの変数の関係には、どのようなものがあるだろうか、考えてみよう。

③ 　最近消費した製品・サービスについて満足度調査を計画してみよう。質問票にはどのような質問項目が必要か、考えてみよう。

主要参考文献

佐藤郁哉『社会調査の考え方（上・下）』東京大学出版会、2015年。

公益財団法人・日本生産性本部ウェブページ（https://www.jpc-net.jp/research/jcsi/）

小野譲司「JCSIによる顧客満足モデルの構築」『マーケティングジャーナル』Vol.30 No.1, pp.20‐34、2010年。

次に読んで欲しい本

☆顧客満足の分析について、詳しく学ぶには。

　小野譲司『顧客満足［CS］の知識』日本経済新聞出版、2010年。

☆サービス品質について、詳しく学ぶには。

　小野譲司・小川孔輔・森川秀樹『サービスエクセレンス　CSI診断による顧客経験［CX］の可視化』生産性出版、2021年。

【分析用データのダウンロード】

　本章の分析で使うデータは、ダウンロード専用サイトから入手できます。以下の

QRコードを読み取ってダウンロードサイトにアクセスしてください。

https://www.sekigakusha.com/data/1st_32

第 7 章

分析から導かれる文化的コンテンツのマーケティング戦略

第1章
第2章
第3章
第4章
第5章
第6章
第7章
第8章
第9章
第10章
第11章
第12章
第13章
第14章
第15章

1　はじめに

　第6章で顧客満足度調査と相関分析を行った結果、さくらミュージアムが改善すべき要素が明らかとなった。具体的には「知的な興味・関心を満たす内容である」、「スタッフは親切である」、「スタッフは展示についての知識を豊富に持っている」の3つが総合的な評価と有意な相関があった。

　本章では、より具体的にどのような対応を取ればよいのかを考えることにしよう。顧客満足度の高さと来館客の属性の関係について、定量調査の結果をさらに深掘りする必要がある。また、定量調査ではわからない具体的な改善内容にまで踏み込むために、定性調査を実施する必要もあるだろう。

　来館者の「知的な興味・関心を満たす」ために、さくらミュージアムがすべきことは何か。さくらミュージアムでは、興味深い展示ができるようこれまでも考えてきた。ミュージアム側の考える「興味・関心」と、顧客側の考えるそれにずれはないだろうか。顧客の欲求を満たすにはどうすればよいか。顧客は、本当は何を求めているのだろうか。こうした疑問にたどり着いたアイとハルカは、「知的な興味・関心」について詳しく調べてみることにした。

2　ターゲットの特定とインタビュー調査

　アイは相関分析で特定された、「知的な興味・関心」を高める取り組みについて思いを巡らせていたが、ハルカからアンケート調査のデータをより深く分析するように指示された。第6章で紹介したように、さくらミュージアムで取り組んできた活動と総合的な満足度との相関関係はすべて見てきたはずである。アイが返事をできないでいると、ハルカがヒントをくれた。

　　「例えば、回答者属性のデータと満足度を組み合わせると、どのような人が満足しているかとか、誰のために改善策を考えるかとか、方向性が見えてくると思うよ。」

　アイは満足度調査の内容にばかり気を取られていたが、マーケティングの基本的

な発想である、ターゲットがはっきりしていないことに気づかされた（ターゲットについては第2章を参照）。アイと同じような20代女性の来館者が多かったが、彼女たちの評価と他のグループの評価とは同じだろうか。好きな展示内容や、さくらミュージアムに求めているサービスが違う可能性がある。

◆ データの深掘り

　アイは最初に性別によって総合評価や再訪意向に違いがないか、調べてみることにした（**表7−1**）。

【表7−1　総合評価と再訪意向の性別による違い】

		総合評価	再訪意向
女性	平均値	3.03	3.20
	標準偏差	1.56	1.10
男性	平均値	3.30	3.10
	標準偏差	1.17	1.17
全体	平均値	3.14	3.16
	標準偏差	1.41	1.11

第7章

　表7−1を見ると、総合評価は男性の方が高い傾向にあるが、再訪意向はほぼ同じ程度であると判断できる。男性は1回来館することで満足してしまうが、女性は満足度が高くなくても、もう一度来館する傾向があるのかもしれないとアイは考えた。

　表7−2を見ると、30代や40代の満足度が高く、50代の満足度が低いことがわかる。再訪意向についても、50代や60代はそこまで高くはないようだ。

　アイは表7−1と表7−2の結果を何度も見て、ターゲット層を考えてみることにした。総合評価がすでに高い来館者は、おそらく引き続き来館してくれるだろう。反対に、現在の総合評価が低いお客さんは、ミュージアムのサービスが改善されれば再訪の確率が高まるかもしれない。来館回数が多いお客さんはどんな属性だろうか。アイが悩んでいると、ハルカはこれまでの来館回数も分析で使うよう、アドバイスをしてくれた。アイは来館回数とミュージアムのサービスや満足度との相関係数を計算してみた（**表7−3**）。

【表7－2　総合評価と再訪意向の年齢による違い】

		総合評価	再訪意向
10代	平均値	2.00	2.00
	標準偏差	1.41	0.00
20代	平均値	3.17	3.42
	標準偏差	1.64	0.90
30代	平均値	3.45	3.18
	標準偏差	1.37	1.25
40代	平均値	3.40	3.50
	標準偏差	1.65	1.43
50代	平均値	2.33	2.67
	標準偏差	1.03	0.82
60代以上	平均値	3.22	3.00
	標準偏差	1.09	1.00
全体	平均値	3.14	3.16
	標準偏差	1.41	1.11

【表7－3　来館回数との相関係数】

	配置	数	興味・関心	親切度	知識	清潔さ	回遊性	ショップ	総合評価	再訪意向
来館回数	−0.045	−0.222	−0.269	−0.210	−0.075	−0.023	−0.080	−0.066	−0.517**	−0.583**
有意確率	0.754	0.122	0.059	0.143	0.603	0.873	0.581	0.649	0.000	0.000

**1％水準で有意。

　表7－3を見ると、来館回数と総合評価や再訪意向とが、負の有意な相関があることが分かった。これは、複数回来館している客の評価が低く、初めての来館者の評価は比較的高いことを意味している。アイは、来館回数と来館者の属性情報の関係を調べるため、クロス集計表を作ってみた（**表7－4**、**表7－5**）。

【表7－4　来館回数と性別のクロス集計表】

		女性	男性	合計
来館回数	初めて	11	8	19
	2～4回	10	9	19
	5回以上	9	3	12
合計		30	20	50

【表7‐5　来館回数と年齢のクロス集計表】

		10代	20代	30代	40代	50代	60代以上	合計
来館回数	初めて	1	5	6	4	1	2	19
	2〜4回	1	5	3	3	3	4	19
	5回以上	0	2	2	3	2	3	12
合計		2	12	11	10	6	9	50

　表7‐4を見ると、女性のリピーター比率が高いようだ。表7‐1で確認したように、女性の総合評価が若干低い傾向が見られた。これらを組み合わせると、女性のリピーターの評価と関係があるかもしれない。表7‐5を見ると来館回数が5回以上の人は12人いて、この人たちが満足できていない主要な層だろう。20代や30代にもリピーターはいるものの、初めての来館者の比率が高いようだ。一方、50代や60代以上の来館者は全体として多くないものの、リピーターの割合が高そうだ。

　ここまでの分析を総合すると、何度も来館してくれている比較的高齢なお客さんが、「知的な興味や関心」を維持できないような状態になっているのかもしれない。

　このように、データを分析する作業は、仮説検証のように目的とする変数だけを抽出して分析する場合もあるが、この事例のように探索的に分析する場合には、何度も分析と集計、解釈を繰り返し、妥当な仮説を見つけ出すこともある。Column1‐2に書かれている仮説探索型の研究がこれに当たる。仮説検証型の研究との違いについての詳細はそのコラムを読んでいただきたい。

◆ インタビュー調査

　データ分析によって大まかな方針は見えてきた。ただし、具体的な話となるとまだ心もとない。それも当然で、来館者から具体的な話を聞けていないからだ。1つの調査だけで必要な情報のすべてがわかるわけではない。調査を上手に組み合わせて自分の知りたいことを深めていく必要がある。

　思い返してみれば、アイ自身が刀剣にハマったきっかけはゲームだった。そこに登場する刀剣が擬人化されていて、親しみを抱いたのだ。刀剣の基本的な知識は、プレイしているうちに自然と身についた。その後、Instagramなどを通じてゲーム

から刀剣そのものへと興味が広がり、さらにミュージアムへ足を運んでみて、実物の迫力に圧倒されたのだった。データから見えてきたのは、アイと同じようにゲームから興味を持った若い女性は満足して何度も足を運んでくれそうだ。しかし、ゲームとは無関係の来館者はどう考えているのだろうか。

　アイはハルカと相談して、グループ・インタビューをしてみることにした。「知的な興味・関心を満たす」ことについての来館客の認識を、より詳しく知りたいと考えたからだ。5名の男女が、インタビューの依頼に応じてくれた。

　翌週のある日のこと、5名のインタビュー対象者がグループ・インタビューの会場となった会議室に集まっている。彼女たちのデモグラフィック変数（属性情報）をごく簡単にまとめると、次の通りである。

> ・Aさん——60歳代女性／専業主婦
> ・Bさん——50歳代女性／会社員
> ・Cさん——40歳代男性／パート・アルバイト
> ・Dさん——30歳代男性／会社員
> ・Eさん——20歳代女性／会社員

　個別インタビューではなくグループ・インタビューを採用した理由は、インタビュー対象者間である程度一貫して共有されている見解を知りたかったからだ。グループで話してもらえば、偏った見方や極端な意見が取り除かれることが期待できる。また、参加者間で議論が盛り上がることで、参加者自身が気づいていなかったような、豊かな知見が得られることがある。反対にインタビュー対象者1人ずつに対して行うデプス・インタビューは、他の人の意見に左右されず自由に発言することにより、対象者の心理や行動について深く理解することができる（「デプス」とは「深く掘り下げる」という意味）。インタビュー調査の種類については、第14章を参照されたい。

　グループ・インタビュー参加者に対して、ハルカは次のように説明した。

　「さくらミュージアムは、お客様により一層ご満足頂けるよう、色々な課題に取り組んでいます。そのなかでもお客様により一層楽しいと感じて頂けるような、興味・関心を満たす面白い企画展を考えることに力を入れてまいります。今日、皆

さまに話して頂きたいのは、これまでの鑑賞のご経験からどのような部分がとく
に楽しめたのか、あるいは今後どのような企画展を鑑賞したいと思うかについて
です。あと、恐れ入りますが記録と分析のために皆様の発言を録音させていただ
きます。」

ここでグループ・インタビューの始め方を一例として簡単に確認しておこう。

① グループ・インタビューの手順を説明する。インタビュー対象者への期待も
　述べる。
② インタビュー対象者同士の関係性構築を図る。自己紹介してもらう。
③ インタビュー対象者に話してもらうテーマや問題を提示する。

　まずは手順を説明し、参加者へ期待することを述べる。例えば、お互いに議論に
積極的に加わってほしいことなどである。上記のハルカの発言は、調査の意図と参
加者への期待を明確に伝えている。また、調査者は倫理的な問題についても説明す
る必要がある。この事例では会話内容の録音と記録について事前に確認をしている。
　次は、ウォーミング・アップである。今回の場合のように、グループの顔ぶれが
家族や友人、顔見知りではない場合には、自己紹介をしてもらい、顔見知りになっ
てもらうところから始める必要がある。グループ・インタビューでは、参加者同士
の会話・議論の盛り上がりが調査の成否を分けることになる。議論を進行する担当
者─今回の場合、アイ─は、グループのメンバーが共通してさくらミュージアムの
来館客であることも述べておくべきだ。さくらミュージアムの問題について考え・
議論することに真剣に取り組んでもらえるよう意識づけるのである。
　さらにその次に、議論が活発に進むように、話題を提供する。上記のように、ハ
ルカがメンバーに説明した内容がこれにあたる。なお今回アイは、司会者としてあ
まり介入しないように気を付けた。例えば、議論の途中で特定のテーマについて深
く掘り下げるような問いかけをしたり、新しい問題を追加したりすることは極力避
けた。メンバーの自発性を損なわないようにする、という狙いがあったからだ。
　既に述べたように、ここで確認されたやり方は一例であって、この方法のみが正
しいのではない。詳しくは、より専門的な文献を参考にしてほしい。ここからはさ
くらミュージアムの事例に話を戻して、グループ・インタビューの結果をみておこ
う。次のようなやり取りがあった。
　Ａさん「やっぱり、有名な作品がいちばんよね。誰でも楽しめる。こっちは難

しい話はわからない。私はここが好きなんだけど、毎回同じっていうのも少し飽きちゃいますね。」

　Bさん「そうですね。有名な作家で、有名な作品。ありがたみがある。よく知らない作品だと、一緒にきた友達と話すことがあんまりない。だけど私自身は何度も来ているから少しだけでも変化があるとありがたいかな。」

　Cさん「あと、良い作品がみられれば、別にどこのミュージアムでもいいですよね。さくらミュージアムじゃなくてもいい。私も、展示されてる作品と作品の関係がよく分からないというか、何かのテーマに沿っていろんな作品が並んでるんだろうなとは思うけど、見る側はそんなに気にしない。」

　Dさん「そうですね……。」

　Eさん「わかります。でも、私は刀剣に興味を持って初めてこのミュージアムに来て、結構楽しかった。解説とかは難しいけど、刀剣がたくさん見られるのはうれしいよね。」

　グループ・インタビューを終えてアイとハルカの印象に残ったのは、「有名な作家・作品を見たいけれども、毎回同じものでマンネリ化している」というもの、もうひとつは「刀剣が大好きなお客さんがいる」というものである。マンネリ化という問題は、来館回数と総合評価とが負の相関関係であるという、表7－3の分析結果を裏付けている。また、刀剣好きがいるという結果も、アイの経験と一致して、納得がいくものであった。グループ・インタビューの結果は満足のいくものであったが、マンネリを打破する新たな刀剣の展示を実現するのは、現在のミュージアムの財政状況から考えると、かなり難しいのではないかとアイは考えていた。

　会場の片付けのために残っていたアイは、グループ・インタビュー参加者のDさんが忘れ物を取りに戻ってきたことに気が付いた。Dさんと話してみると、グループ・インタビューの際には言いづらかった内容を語り始めた。

　「グループで話していると、ついつい流されちゃうんです。本当は有名な作家や作品じゃなくてもいいかなって私は思っています。一緒に来た友達とコミュニケーションできて、展示全体に通じているテーマが面白ければいいかなって。」

　この「流されてしまう」という指摘は重要である。グループで議論すると、1人

か複数の参加者が主導権を握って、彼・彼女たちの意見をグループ全体へ押し通してしまうことがある。意見をいうことについて控えめな参加者がいれば、それは進行を担当したアイが発言を促すなどして、グループ全体から回答を得られるよう工夫する必要があった。グループ・インタビューは進行役の技術によって、得られる知見の内容が変わってくる場合がある。

　Dさんの意見に興味を持ったアイは、別の日に追加的に話を聞かせて欲しいと依頼した。Dさんに対するデプス・インタビューを実施するためである。

　Dさんへのデプス・インタビューからわかったことは、Dさんは展示物に対する知識が乏しく、それに引け目に感じており、家族や友達と一緒に来館した際に会話が弾まないことを残念に思っていた。一方、一人で来館した際には、写真をたくさん撮って自分のInstagramのページに投稿し、それを色々な人に見てもらうのを楽しんでいる。ミュージアムが企画している展示全体のコンセプトよりも、自分の気に入った作品だけを自分だけの切り口で撮り集めて、それをInstagramで提案することが、Dさんの満足につながっている。個々の展示物をバラバラに見るだけではなく、それらを関連づけて提案する面白さを友人に伝えたいという願望を持っていた。

　DさんのInstagramを見せてもらうと、お気に入りだという刀剣の写真で埋め尽くされていた。興味のわく展示があれば足を運んで写真を撮り、自分だけのコレクションを記録・共有するような気分で、Instagramにアップロードしているという。アイとハルカは、コレクションとして蒐集したい欲求と、それを他者に認めてもらいたい欲求があるのではないかと推察した。

◆ インタビューを終えて

　グループ・インタビューとDさんへの追加的なデプス・インタビューを終えたアイは、急いで録音したデータを文字起こしすることにした。グループ・インタビューの最中は進行役として発言者の意見を聞きながら全体の流れを作り出すことに集中しており、細かな発言まで覚えていなかった。会話の内容を文字にしておけば、分析がやりやすくなる。また、曖昧な印象でインタビュー調査を終えるのではなく、発言内容とその解釈とが紐づけられるように分析を行うことが必要となる。

Column 7 - 1

インターネット上の定性・定量データ

　ソーシャル・メディアやオンライン・コミュニティから得られる定性データは、今日ますます重要になってきている。TwitterやFacebook、InstagramのようなSNSでは、メッセージやコメント、写真、動画、ミュージッククリップ、アバターなど、膨大な定性情報が日々生み出されている。私たちはインターネットを通じて娯楽に興じたり、友達と話したり、パートナーを見つけたり、またお金を支払ったり、オークションに参加したり、広告を見たりする。つまり、企業のマーケターにとって、SNSは消費者のことを知るための重要な場になっているのである。

　例えば、消費者向けのビジネスをしている企業にとって、SNSに投稿した記事や写真が一定の時間内に何回「いいね」を獲得できるかは、コミュニケーションの効果を測定するうえで重要な情報となるだろう。また「いいね」を押すのはどのような特徴をもった人なのか、そうした人たちはどのような写真を、どのような意味を込めて投稿するのか、それを眺める他のユーザーはそうした投稿内容にどのような意味を見いだすのか。こうした、これまではインタビューや追跡調査をしなければわからなかったような情報が、SNSを観察することでわかるようになっている。

　インターネット上にあるデータは、大きく3種類に分けることができる。第1に、国や自治体、民間企業等が収集した数値的な情報である。国勢調査のデータや事業所統計、世論調査、視聴率、事故統計・犯罪統計、財務諸表などがその例である。第2に、国や企業のみならず個人ユーザーも含めた、テキストによるデータである。ブログ・日記やある種の書き付けのような記述、行政文書、新聞・雑誌等の記事、グルメや映画などのレビュー、メールなどがその例である。第3に、非言語的な何らかの情報が中心となるものである。動画や静止画像、また楽譜や音楽、演劇などのパフォーマンスもデータとなることがある。

　インターネット上にある複数種類のデータを組み合わせることで、現象や消費者の理解を深めることができる。

3 定量調査と定性調査の組み合わせ

　アイとハルカはアンケート調査で集めた定量データと、グループ・インタビューや個別インタビューで集めた定性データを元に、説得力のあるプレゼンテーションをしたいと考えている。定量データの分析はアイのアイデアとハルカのアドバイスで、探索的に進めてきた。記述統計やクロス集計、相関係数を使った分析など、複数の方法でデータを確認することで、来館者の満足度を高め、再訪してもらう改善策を考えた。回答者の属性情報を組み合わせて分析したことで、若い女性はこれまで来館した回数が少ないためか、比較的満足度と再訪意向が高いことがわかった。Ｄさんへのインタビューからも、さくらミュージアムが得意とする刀剣の展示を気に入ってくれているようである。SNSに投稿して拡散してくれれば、同じようなセグメントを新たに呼び込めるかもしれない。

　一方、何度もミュージアムに通ってくれている、比較的高齢の来館客の中には、満足度と再訪意向が低い人たちがおり、彼・彼女たちの「知的な興味や関心」を十分に刺激できていない可能性があることがわかった。この結果はアンケート調査だけでなく、グループ・インタビューにおけるＡさんとＢさんの発言からも裏付けられている。「知的な興味や関心」を高めるためには新たな展示物・企画を考えることが有効かもしれないが、さくらミュージアムの売上や規模ではできることに限界がある。また、同じ展示物の説明内容を頻繁に変更することも難しい。そこで、相関係数が有意だった「スタッフの知識」や「親切なスタッフ」の項目を考慮し、スタッフが来館者に積極的に話しかけるような企画が有効だと考えられる。

◆ 定量調査と定性調査のメリット・デメリット

　アンケート調査のような定性調査と、グループ・インタビューのような定性調査はそれぞれメリットとデメリットがある。両者の特徴についての詳細な説明は第14章に記述してあるが、ここで指摘しておきたいのは、両者はそれぞれの弱みを補い合う関係にあるということだ。アイとハルカはアンケート調査の結果から全体の傾向と回答者の属性別の特徴について理解することができた。インタビュー調査では、異なる回答者属性の調査協力者から、アンケート調査の結果を裏付けるよう

Column 7 - 2

森美術館のInstagram戦略

　東京・六本木にある森美術館は2018年，美術展覧会入場者数ランキングで1位と2位を獲得した（1位は「レアンドロ・エルリッヒ展：見ることのリアル」で総入場者数61万4,411名，2位は「建築の日本展：その遺伝子のもたらすもの」で同53万8,977名。）。洞田貫（2019）によれば、集客の成功要因の1つは、SNSをはじめとしたマーケティング戦略にあるという。2021年11月時点で、同美術館の各SNSのフォロワーはTwitterで約19万4,000人、Instagramで約21万2,000人、Facebookで約20万5,000人と、国内の美術館では最大規模である。

　かつては美術館や博物館のような施設では写真撮影や私語が禁止され、静かに鑑賞するのが当たり前であったが、森美術館はなるべく多くの展覧会で写真撮影ができるようにしている。また、館内にはSNS、特にInstagramへの投稿を促す環境作りに努めている。また、美術館の担当者は、ハッシュタグの付け方から館内での告知の仕方など、試行錯誤の中から美術館という文化的コンテンツのマーケティングに取り組んでいる。営利目的でも押し付けでもない、SNSというプラットフォームに適したコミュニケーションのやり方を経験から学んでいるのだ。

　また、SNSはメッセージを発信・拡散するためだけではなく、調査にも使うことができる。森美術館ではキーワード検索やフォロワーのプロフィール欄の記述を収集することによって、アートに関心を持つ消費者の意見やニーズを拾い上げている。

　こうしたマーケティング活動の変化は、消費者のメディア環境や情報環境と密接に関係している。ほとんどの人がスマートフォンを持ち歩くようになり、企業と消費者の接触は製品・サービスの利用や広告だけではなく、個人が持ち歩くスマートフォンの画面上でも行われるようになった。特に、頻繁にSNSの投稿を確認する世代にとっては、画面上での接触が最も頻繁で、重要なものになっている。

　美術品の展示というサービスは同じであっても、来館者がそれをどのように楽しむのか、どこに価値を見出すのかは一定ではない。新しい環境に適応し、変化し続けることもマーケティングの重要な役割の1つだ。

な発言とともに、具体的な改善策につながるような、来館者のニーズに触れることができた。これらの調査結果を組み合わせることで、説得力のある主張ができるようになる。

　また、両者の順序についても考える必要がある。アイとハルカは、さくらミュー

ジアムの顧客満足度調査を行うにあたり、定量調査を最初に、その後に定性調査を行うという順序で調査を実施した。今回の顧客満足度調査のように質問すべき内容が明らかな場合には、定量調査を最初にやることができるが、質問すべき内容が不明瞭な場合には定性調査を最初にやるのが望ましいだろう。

◆ プレゼンテーションに向けて

　アイとハルカは、これまで行った調査と分析の結果を館長に報告する準備を進めていた。来館者がこれまで以上に再訪問してくれるように、2人は顧客満足のアンケート調査とグループ・インタビューを行い、満足度を高める方法を考えてきた。調査開始当初は、顧客満足を高める要因に心当たりが無かったため、さくらミュージアムのさまざまな活動と総合的な満足度との間の関係を探索的に調べた。その結果、必ずしも報告には必要がない情報も含まれている。プレゼンテーションにはどのような情報が必要なのだろうか。

　アイはインターンの成果として、調査と分析を行った内容をすべてプレゼンテーションに反映させたいと考えていたが、ハルカに反対された。プレゼンテーションでは、アイとハルカの努力を伝えるよりも、そこから導かれた改善案が、聞き手である館長に明確に伝わるようにする必要がある。また、改善案の内容だけでなく、それが導かれた論理を、データや理論、分析結果と結び付けて話すことが重要である。特に、館長の立場からすれば、予算やスタッフを使った経営判断を迫られることになるため、緻密な論理と明確な提案内容が求められる。アイは第5章で学んだ顧客満足とサービス・ドミナント・ロジックを思い出しながら、プレゼンテーションを準備した。

4　おわりに

　顧客満足は文化的コンテンツを含むあらゆるビジネスにおいて、長期的な発展に直結する重要な概念である。マーケティング担当者は現状をよく把握した上で、予算をはじめとしたさまざまな制約の中で顧客満足を高めるための意思決定をしなくてはならない。そのためには、アイやハルカが体験したように、さまざまな調査と分析を組み合わせて考えることになる。

第7章

　第Ⅱ部のストーリーを通じて、相関分析を学ぶと同時に、調査に対する入念な準備と分析における試行錯誤の重要性を理解してほしい。

❓ 考えてみよう

①　館長へのプレゼンテーションの行うとすると、第Ⅱ部にある図表をどのような順序で並べたらよいだろうか、考えてみよう。

②　館長へのプレゼンテーションにおいて、サービス・ドミナント・ロジックの考え方はどのように関係してくるだろうか、考えてみよう。

③　あなたや周囲の人が最近消費した製品・サービスについて満足度調査を行い、相関分析をしてみよう。そしてその結果について周りの人と議論して考えてみよう。

主要参考文献

ラッセル・ベルク、アイリーン・フィッシャー、ロバート・Ｖ・コジネッツ『消費者理解のための定性的マーケティング・リサーチ』（松井剛訳）碩学舎、2016年。

洞田貫晋一朗『シェアする美術—森美術館のSNSマーケティング戦略』翔泳社、2019年。

次に読んで欲しい本

☆製品やサービスの企画について、詳しく学ぶには。

　西川英彦・廣田章光編著『1からの商品企画』碩学舎、2012年。

☆インタビューの具体的なテクニックについて、詳しく学ぶには。

　梅津順江『この1冊ですべてわかる心理マーケティングの基本』日本実業出版社、2015年。

第 III 部

広告のデータを使って
平均値の差の検定を学ぶ

第 **8** 章

広告を取り巻く環境と
広告の理論

第1章
第2章
第3章
第4章
第5章
第6章
第7章
第8章
第9章
第10章
第11章
第12章
第13章
第14章
第15章

1　はじめに

　第Ⅲ部では、マーケティングの4Psの１つである広告・販売促進（promotion）に関する広告計画を題材にして実験と平均値の差を学んでいく。マーケティングや広告・宣伝に関わる組織や部署をアシストする広告会社は、出稿する広告を効果的なものにするためにさまざまなデータを分析している。そのために、広告を放映・掲載するメディア（媒体）に関する既存の調査をチェックしたり、自分たちで調査をしたりしている。

　そこで、第Ⅲ部では広告業界で媒体計画と表現計画を立てるために必要なデータ収集と分析を行い、広告業界で求められる分析の考え方や手法の一端を捉える。第８章では広告計画がどのようなものかを学び、２次データを基に広告を掲載する媒体を選んでいく。第９章ではインタビュー調査をして広告表現コンセプトを考え、できあがった２つの広告に対して広告効果測定のための質問票を作成して実験を行う。第10章では収集したデータに平均値の差の検定を加えて、採用する広告を決める。本章では、広告会社のインターンシップに参加する大学生のショウ、メンターとして指導するミサキとともに、広告制作に関する環境と理論について考えていこう。

2　データ分析と理論の関係

　ショウは21歳の大学３年の男性である。テレビやネットでお笑い動画や、SNS（ソーシャル・メディア・ネットワーク）でスイーツの新製品情報をチェックするのが日課である。今回、広告会社のインターンシップに採用された。同社は規模が大きく、広告に関する業務を総合的にサポートしている。希望職種はマーケティング・リサーチャーであり、ショウのメンターとして同社勤務のミサキが付いた。ミサキは休日にはしごをするほどカフェが好きな29歳女性で、理工学部を卒業して同社に入社し、営業職を経てマーケティング部に配属された。

　そんなスイーツ好き２人がスイーツのCMを作るための調査を行うことになった。ミサキはショウに次のように説明した。

「ある食品メーカーが高級アイスクリームの広告を出すということで、コンペ（コンペティション）のためのプレゼンテーションをします。競合他社に勝つための広告制作に役立つ調査と分析をしてください。調査の前に広告業界に関係する会社をチェックしておいて。」

◆ 広告ビジネスのプレイヤーたち

まず、ショウは広告の教科書を開いた。広告業界の主なプレイヤーは、広告主とメディア会社、広告会社の3つである。広告主は、広告を出す企業や非営利団体などで、広告用の動画や画像、文章を制作するための費用を負担し、その内容について最終決定権を持つ。メディア会社は、広告を載せる場所を提供する。テレビ局やラジオ局といった放送媒体と新聞や雑誌からなる印刷媒体というマスコミ4媒体に加えて、近年では検索サイトやSNSなどのインターネットが新たな重要な広告メディアとなっている。

広告会社は、広告に関するさまざまな業務を行う。広告を掲載する媒体を購入するメディア・バイイングや広告制作、マーケティング・リサーチ、ブランド・コンサルティング、PRなどである。広告会社は、これらをフルサービスで提供する会社と単一サービスに特化した会社に分けられる。メディア・バイイングとは、テレビや看板などの広告枠を買い付けることである。メディア・バイイングを担う企業は、伝統的なマスコミ4媒体（新聞、雑誌、ラジオ、テレビ）を扱う所とインターネット広告を中心に扱う所に分かれる。また、インターネットのポータルサイト運営企業には自社で広告枠を販売している所がある。ショウがひと通り調べると、「今回のプロジェクトは広告業務の中でどう位置づけられるかわかる？」とミサキは尋ねた。

◆ 広告計画の流れ

「勉強はしてきたのですが、詳しくは知りません」とショウが答えると、ミサキは「広告計画は、状況分析、広告目標の設定、表現計画、媒体計画、広告出稿、広告効果測定の順に進められるの」と説明し始めた。状況分析には、市場規模、自社製品の市場シェアやライフサイクル、需要の季節性、地域性などのマクロデータに関するものと、消費者を年齢や性別、地域などで区切り、ターゲットとなる層につ

いてのミクロデータに関するものがある。一般的に、売れているブランドほど、広告によって製品ブランドの認知率（知っている人の割合）や態度（好き嫌いの程度）、購入意図（買うつもりの程度）を高めやすい。

　「次に、広告目標を立てるんだけど、ショウ君、4Ps（フォーピーズ）は知ってる？」と聞かれて、ショウは「はい。4Psは製品（product）、価格（price）、小売店舗（place）、プロモーション（promotion）のことですよね」と答えた。「そう、これらの組み合わせで製品が売れる。広告だけで製品が売れるわけではないのよ」とミサキが言う（詳細については第2章、特に図2‐1参照）。適切な4Psを設定した上で、以下に説明するAIDMAモデルのステップでマーケティング・コミュニケーションを実施すると、消費者はその製品に関心を持って購入に至る。

　広告界では消費者が広告に触れてから購買するまでの過程を注目（Attention）、興味（Interest）、欲望（Desire）、記憶（Memory）、行動（Action）の5つのステップにまとめたAIDMAモデルを実践的に使用してきた。そのため、広告目標は「まず製品に注目して、興味を持ってもらう」、「その製品のことを覚えてもらう（記憶）」「すでに製品を欲しい（欲望）と思っている人に、今すぐ買おう（行動）と思ってもらおう」など、特定の段階に注目して表現計画と媒体計画を立てる必要がある。

　表現計画は広告主が伝えたいことを具体的な広告物に落とし込むために立てる。製品の特徴やメリット、イメージなどを広告コンセプトとして簡潔かつ効果的に伝えるための表現方法を考えていく。一方、「媒体計画は制作した広告を、予算に応じてどのメディアで伝えるのかについて決めるの」とミサキが言うと、「テレビは高い年齢層を中心に老若男女が視聴するし、TikTokのユーザーは若い女性が多いですよね」とショウが聞く。「そう。インターネットではコンテンツやアプリによってユーザーが違うから、広告を載せる媒体を使い分けていくことが重要なの。」

◆ 媒体計画

　「媒体計画で消費者との接点を作って、表現計画で広告に興味を持ってもらって、……両方とも大事なんだよね」とミサキは言う。広告を効果的に届けるためには、消費者に情報を届ける接点を作らなければならない。その接点となるのがテレビ、ラジオ、新聞、雑誌、インターネット、屋外の看板、交通機関の電車・バスの車内や駅などの媒体である。「表現計画と媒体計画を進めるためには3ステップが必要

なの。まず、どの媒体を使えばいいのかを決めるために、デモグラフィック・マッチングを行うでしょ。で、次が広告の表現計画をするための作業で、デプス・インタビューを基に広告をいくつか試作するの。最後に未完成広告テストで良い方を採用するの」とミサキが言う。以下では、「デモグラフィック・マッチング」について詳しく見よう。「広告の表現計画」については第9章で、「未完成広告テスト」については第9章と第10章で見る。

3 メディア接触と媒体計画

◆ デモグラフィック・マッチング

今回の広告プロジェクトでは高級アイスクリームのドゥ・レーヴ（Doux Rêve）というブランドを扱う（なお、この第Ⅲ部で扱うブランドや広告に登場する俳優や女優、第10章で分析するデータは「架空」のものである）。ドゥ・レーヴはフランス語で「いい夢」という意味である。今回、20代女性の売り上げを伸ばすための広告を考えてほしいという。製品のターゲットである消費者層と、広告を掲載する媒体の視聴者層の性別や年齢を揃えることをデモグラフィック・マッチングという。

まず、20代女性が触れるメディアを調べて、どの媒体にするかを決めていく。高級アイスクリームは嗜好品に近いため、ドゥ・レーヴの広告コンセプトは「自分へのごほうび」にする。それなら、仕事や勉強で忙しい平日よりも、休日に広告を見てもらった方がいいだろう。そうショウは考え、総務省情報通信政策研究所が2020年に発行した『令和元年度情報通信メディアの利用時間と情報行動に関する調査報告書』をネットで入手して、2013年から2019年にかけての休日のメディア行為者率を調べてみた（**図8−1**）。

◆ テレビとネットの行為者率

行為者率とは調査日1日に各情報行動を15分以上行った人の比率を求めたものである。ネットの行為者率は2019年に81.0％と上昇傾向にあるので、ショウは

第8章

【図8-1　メディア行為者率と平均利用時間の推移（休日）】

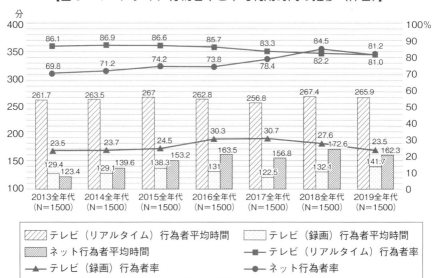

出所：総務省情報通信政策研究所（2020）『令和元年度情報通信メディアの利用時間と情報行動に関する調査報告書』総務省から抜粋

　ネットを使おうと一瞬思った。だが、「テレビ視聴者もそんなに減ってないんだ」と思い直す。テレビ（リアルタイム）の行為者率は2014年の86.9％をピークに下がってきているものの、2019年でも81.2％ある。また、録画の視聴者は2019年時点で23.3％いる。行為者全体での利用時間を比べても、依然としてテレビの方が長い。

　2019年は、リアルタイムでの平均テレビ視聴時間が265.9分（4時間25.9分）であるのに対して、ネットは162.3分（2時間42.3分）である。行為者の平均利用時間では、テレビがネットの1.6倍利用されている。さらに、録画の平均視聴時間141.7分を加えると、休日のテレビ平均視聴時間は7時間8.2分（428.2分）となり、かなりの長時間、テレビを視聴している。「ミサキさん、テレビって録画して観る人もいますよね？　だから、テレビ視聴時間はリアルタイムと録画を足した方がいいんじゃないですか」とショウが聞く。

╔══════════════════════════════════╗
Column 8 - 1

定性調査と定量調査の優位性

　調査手法は、数字以外で捉える定性調査と数字で捉える定量調査に分けられる。では、定性調査と定量調査はどちらが優れているのだろうか？　世の中には、「定量調査をやっても当たり前のことしか出てこないから意味がない」という「定性調査派」の意見もあれば、「定性調査なんて客観性に乏しいから説得力がない」という「定量調査派」の意見もあるようである。

　だが、第7章3節で説明したように、定性調査と定量調査はどちらか一方が絶対的に優れているのではない。それぞれに得意領域があると考えたほうが良い。定性調査は「なぜ」「どのように」といった原因や理由を知るために行うことが多い。調査者のほうでも自分がまだ何に注目して調査するといいのか、どのような問いを立てればいいのかがよくわかっていないときに、その問題に詳しい人に根掘り葉掘り聞くために行うと効果的である。つまり、自分が調べるべきポイントを明確にするための調査である（これを「仮説探索型」のための調査という。Column 1 - 2参照）。

　一方、定量調査は、定性調査や理論的な考察で得られた仮説を検証するために行うことが多い。ある質問に対するセグメント間の反応の違いを確認する、原因と結果の関係をデータで示したい場合などに使われることが多い。つまり、注目している質問項目間の関係を統計的に分析したい場合の調査である（これを「仮説検証型」のための調査という。第1章参照）。

　このような定性・定量調査の得意・不得意分野を理解していないと、「なぜ」「どのように」を知るためにアンケート調査で自由回答をしてもらって集計に困ったり、各世代で1、2名だけインタビューをしてその世代を代表する意見だと決めつけてしまったりするなど、適切ではない調査に基づいて意思決定するおそれがあるだろう。定性データと定量データについては第14章も併せて確認してほしい。

╚══════════════════════════════════╝

◆ 生活者の動画接触

　「でも、それってクライアントにとってはいいことじゃないよ」とミサキは言う。「視聴者や生活者から見ればそれで間違ってないんだけど、広告主にとっては録画番組の広告がスキップされる可能性が高いから。それと、人の生活で見ても、テレ

ビの視聴時間とネット利用時間を足さない方がいいかもしれないんだ」とミサキは言う。その理由として、テレビ視聴とネット利用が同時に行われている可能性をミサキは指摘する。

　かつては新聞を読みながらテレビを見る、ラジオを聴きながら雑誌を読むといった「ながら利用」がされていた。だが、近年は若者世代を中心にテレビを見ながらスマホでネットを利用するケースが増えている。ニールセン　デジタル（2021）が2020年に実施した調査「ニールセン　デジタル・コンシューマー・データベース2020」によると、2000年前後に生まれた「Ｚ世代」の68%はテレビを視聴しながらソーシャルメディアを利用するという。

◆ 年代別行為者率と利用メディア

　アドバイスを受けて、ショウは年代別の主要メディアの行為者率と平均利用時間を確認するため、別のグラフを調べた（**図8 - 2**）。テレビ（リアルタイム）の行為者率は、60代の94.5%が最も高く、続く50代が90.3%である。年代が若くなるにつれて比率が下がってきて、10代の52.8%が最も低い。一方、テレビ（録画）に関しては、最も高い50代が30.6%で最も低い10代が17.6%である。

　次に、テレビをリアルタイムで観ている人（行為者率）たちだけの平均利用時間について調べた。60代が336.1分（5時間36.1分）で最も長く、年代が若くなるにつれて時間が短くなり、10代が165分（2時間45分）と、年代とともに接触率も下がってくる。ネットの行為者率は、10代から30代までが90%を超えているのに対して、60代は60.7%に留まる。ネットの平均利用時間については、10代が264.6分（4時間24.67分）と最も長く、年齢が上がるにつれて時間が短くなり、60代の92.4分（1時間32.4分）が最も短い。

　ここまで明らかになったのは、テレビの行為者率は年齢とともに高くなるのに対して、ネットの行為者率は30代までが90%を超え、それ以上は比率が下がっていたということである。「これなら、20代女性にはテレビよりもインターネットで訴求したほうがよさそうですね」とショウが聞くと、ミサキは「ネットにはメールとかSNSなど色々あるから、もう少し細かく見たら？」と答えた。ショウはネットで吉田秀雄記念事業財団が公開する「研究支援消費者調査結果2020年度上期」にある、「女性が普段から利用しているメディア」の年代別の割合をエクセルで表にまとめてみた。見やすくするために40%以上の数値を太文字にしたのが**表8 - 1**

【図8-2　2019年度の世代別メディア行為者率と平均利用時間の推移（休日）】

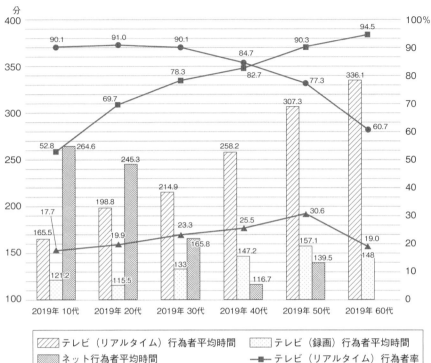

出所：総務省情報通信政策研究所（2020）前掲から抜粋

【表8-1　女性が普段から利用しているメディア（%）】

年代	全体 (人)	テレビ (地上波)	新聞	雑誌	ラジオ	インター ネットの クチコミ サイト	メーカー・ 店舗の ホームペー ジサイト	ポータル サイト (Google, Yahoo!)	SNS (フェイス ブック)	SNS (インスタ グラム)	SNS (ツイッター)	SNS (LINEの ニュース)
15～19歳	199	**87.4**	16.1	18.1	17.6	31.2	21.6	**42.7**	7.0	**49.2**	**50.3**	31.2
20～29歳	446	**80.5**	15.7	16.8	11.4	37.4	28.5	**44.2**	13.2	37.0	**45.1**	26.7
30～39歳	527	**88.0**	20.9	20.9	17.8	**47.8**	38.1	**49.7**	13.5	24.3	28.7	18.2
40～49歳	659	**91.7**	33.8	25.9	24.7	**48.7**	**42.5**	**49.2**	12.7	17.9	21.4	20.0
50～59歳	528	**93.0**	**47.3**	25.6	21.6	**43.4**	**41.3**	**48.7**	10.6	12.5	15.7	16.1
60～64歳	239	**96.7**	**56.1**	21.3	21.8	**40.2**	**41.0**	**45.2**	11.7	10.5	10.9	18.0

出所：吉田秀雄記念事業財団（2020）「研究支援消費者調査データ―研究支援消費者調査結
　　　果 2020年度 上期」。太字は40%以上のもの。

第8章

である。

◆ 女性のテレビとネットの利用率

　まず、マスコミ４媒体をチェックしてみた。テレビは利用率が一番低い20代で
も80％を超え、40代以上は90％以上が普段から利用している。新聞は50代以上
に利用され、雑誌は30代以上で、ラジオは40代以上でそれぞれ20％以上となっ
ている。作業を見ていたミサキは「メディアによって使う人たちが違うの。テレビ
や新聞（特に全国紙）は色んなジャンルのコンテンツがあるから不特定多数が接触
するし、雑誌やラジオはクラス・メディアといって利用者層が絞られる」とアドバ
イスする。

　ここでショウはいくつかのことに気が付いた。Yahoo!やGoogleなどのポータ
ルサイトの利用者は全世代で40％を超え、60代も結構いる。インターネットのク
チコミサイトやメーカー・店舗のホームページの利用者は30代以上で40％を超え
る。反対に、SNS、特にインスタグラムやツイッターは若年層で利用率が高い。
利用者が40％を超えるのはインスタグラムが10代後半だけ、ツイッターだと10
代後半と20代のみである。

◆ 媒体の選定

　これまで調べたことを基に、ショウは20代女性に向けた高級アイスクリーム
「ドゥ・レーヴ」の広告を掲載する媒体はテレビに絞ることにした。その理由はい
くつかある。まず、今回広告したい製品はアイスクリームである。課されたミッ
ションは、「20代女性向けをターゲットにした広告を」ということであったが、不
特定多数が利用するテレビのほうが、20代女性だけでなく、他の世代や男性にも
見てもらえる。

　また、広告を見せたい相手（ターゲット・オーディエンス）を決める時には、デ
モグラフィック変数とサイコグラフィック変数という２つを考慮しなければならな
い。デモグラフィック変数とは、性別や年齢、職業区分、所得、教育程度（最終学
歴）、家族構成などのように、人口統計に関する指標である。サイコグラフィック
変数とは、人がある行動を起こす動機付けや、感覚、所属する準拠集団や文化圏な
どのように、人の心理や性格に関する指標である。テレビ広告のターゲット・オー

ディエンスをサイコグラフィック変数で決めることは極めて難しい。なぜならば、テレビは不特定多数が視聴する媒体であり、視聴者を絞り込むのに適していないからだ。実際、テレビでは飲料や食品、洗剤などの日用品、携帯電話やガス、電気などのインフラのように、不特定多数が利用する製品やサービスに関する広告が多い。

◆ 広告を載せるテレビのジャンル

　テレビ広告で行くことをミサキに伝えると、「いいね。で、ビークルはどうするの？」と聞かれた。ショウはビークルのことは頭になかった。「ビークル」とは特定の媒体銘柄のことで、テレビでは局名や番組名などを指す。ショウは20代の女性がどの番組をよく観るのかを調べるため、インターネットでテレビ番組のジャンルと各年代の態度の関係に関連するデータを探した。見つけたのはテレビ番組のジャンルと女性の年代ごとの態度の関係を示したものである。

　これをエクセルに入力して、40％を超える数値を太字に変えたものが**表8‐2**である。10代20代の女性で最も比率が高いのはバラエティで、ドラマが続く。ドラマやバラエティは20代以下だけでなく、30代以上からも好まれている。もしもアイスクリーム製品を10代20代だけでなく、それ以上の世代にも訴求したい場合には、より多くの人に好まれている媒体に掲載したほうが効率は良い。もちろん、訴求したい製品が20代だけにしか買ってもらえなければ、他の世代に広告を流しても無駄になってしまう。だが、高級アイスクリームはそこまで厳密にターゲットを絞らなくても、他の世代にも購入してもらえるだろうとショウは考えた。

第8章

【表8‐2　テレビ番組のジャンルと女性の年代ごとの態度】

年代	人数	ニュース・報道	スポーツ	情報・ワイドショー	ドラマ	バラエティ	映画	音楽	アニメ・特撮	ドキュメンタリー	教養・教育
10代	250	34.3	9.7	17.6	**59.4**	**64.6**	**42.6**	**44.3**	**43.2**	17.4	5.2
20代	250	39.6	12.4	26.7	**58.2**	**62.3**	**44**	**42.3**	36.1	23.4	7.6
30代	250	**63.7**	18.5	**44.4**	**58.6**	**62.7**	**41.8**	37.4	36.9	30.4	14.3
40代	250	**70.8**	23.1	**55.9**	**66.4**	**60.6**	**47.4**	**41.6**	30.5	39.8	12.2
50代	250	**74.8**	22.7	**63.2**	**76.3**	**56.2**	**56.1**	38.9	23.2	**45.2**	16.4
60代	250	**87.0**	30.2	**60.9**	**78.9**	**54.5**	**49.5**	34.2	10.9	**50.1**	21.2

※データは架空のものである。太字は40％以上のもの。

Column 8 - 2

テレビと動画共有サイトの視聴比較

　テレビの視聴率と動画共有サイトの再生回数は換算して比べられそうであるが、実際は難しい。テレビ視聴率の場合、全数調査ではなく、いくつかの世帯をピックアップして調査に協力してもらっている。例えば、関東地区ではビデオリサーチという調査会社が2,700世帯に視聴率計測器を設置して計測している。かつて主流だった世帯視聴率は各世帯で１人でもテレビをつければ、その世帯「全体」が観たと集計されてしまう問題があった。そこで、同社は1997年の関東地方を皮切りに、個人視聴率を採用している。個人視聴率は調査世帯に複数の視聴率計測器を設置し、世帯内の４歳以上の家族全員を対象に、誰がどの番組をどれくらい視聴したのかがわかるようになっている。

　一方、動画共有サイトのYouTubeでは視聴回数や評価の高低、チャンネル登録数などの指標が、動画コンテンツの人気を知るバロメーターになっている。動画再生には厳密なルールが設けられており、一定時間視聴しなければ再生回数１にカウントされなかったり、同じIPアドレスの人が何回再生しても一定期間が経過しなければ再生回数が増えなかったりする。これは再生数が増えることで多くの広告が付くため、不正などで視聴回数が故意に上げられていないかどうかをアルゴリズムによって確認しているからだという。

　また、ネット広告に関連する状況は、テレビ広告と異なっている。ネットでの動画再生時間はテレビよりも短く、広告の視聴をカウントできる。YouTube広告は掲載条件によって途中でスキップできるものとできないもの、あるいは、ユーザーがYouTube Premiumに加入すれば、広告が流れなくなるなど、バリエーションに富んでいる。こうした違いによって、テレビ視聴率とインターネットの動画共有サイトの視聴回数を同列で比較することは難しいと言えるのである。

◆ 広告のリーチ効率が良いテレビ

　これらのデータから総合的に判断して、広告を掲載するビークルはバラエティ番組にするとショウは言った。すると、ミサキは「そうね。たしかに、色々あるメディアの中でもテレビはコスパがいいと言われているの」と言う。広告費を接触者１人当たりに換算すると、一般的にテレビが最も低い。テレビ広告費が高いのは、

それだけ大勢に見られるからである。例えば、関東地方の人口はおよそ4,300万人である。赤ちゃんからお年寄りまでいるなど細かいことを考えなければ、視聴率1％は43万人、15％であれば645万人とる。これほど多くの人が同時に接触するメディアはテレビ以外にない。

たしかに、インターネットはYouTubeの動画がヒットすると何千万回再生、何億回再生される。だが、それは一斉に同時視聴されるものではない。また、広告には再生時間の長さだけでなく、視聴者やコンテンツによって内容まで変えることができ、スキップできる・できないなど、バリエーションは多岐にわたる。一方、テレビ広告はより多くの人に同時に同じメッセージを届けることができる。「今回テレビに決めたというのはいい判断だと思うよ。じゃあ、次は広告表現のための調査に移ろう」とミサキから言われて、ショウは素直に喜んだ。

4 おわりに

本章では、ショウの視点で広告ビジネスシーンに登場するプレイヤー、状況分析および表現と媒体に関する広告計画の流れなどの広告理論を学んだ。そのうえで、20代の女性向け高級アイスクリームの広告を出すためのデータ分析の第一歩として、インターネット等で入手可能な二次データを用いて、媒体計画を立てる際のデモグラフィック・マッチングを試みた。女性のメディア行為者率について時系列で変化を捉えて年代ごとに比較し、20代の女性が好むメディアを確認した結果、広告出稿媒体としてテレビを選択した。

データを調べる中で、10代、20代女性がテレビを視聴する平均時間は他の世代よりも短いかもしれないけれども、予想よりも多くの人がテレビを観ていた。実際、女性が普段から利用しているメディアは何かを尋ねた調査では、10代20代ともに、8割以上の人がテレビと回答している。こうした結果を踏まえて、第9章では表現計画のためのインタビュー調査と分析、それを踏まえたアンケート調査のための質問票作りとデータ収集について見ていく。

❓ 考えてみよう

① なぜ年代によってテレビの行為者率は異なるのか。図8‒2をもとに考えてみよう

② 表8‒1を用いて、メディアと年代にどのような関係があるのか、考えてみよう。

③ 表8‒2を用いて、年代別に女性が好む番組がどのようなものであるか、考えてみよう。

次に読んで欲しい本

☆広告ビジネスのプレイヤーや広告計画について、詳しく学ぶには。

　岸志津江・田中洋・嶋村和恵『現代広告論（第3版）』有斐閣、2017年。

☆日本でのメディアの利用動向について、詳しく学ぶには。

　総務省『情報通信白書 令和2年版』2021年（毎年9月頃最新版が公表される）。

第 9 章

インタビューと実験による
データ収集

第1章
第2章
第3章
第4章
第5章
第6章
第7章
第8章
第9章
第10章
第11章
第12章
第13章
第14章
第15章

1　はじめに

　表現計画と媒体計画を進めるためには、デモグラフィック・マッチング、広告の表現計画、未完成広告テストの3ステップが必要だと、前の章でミサキが説明した。前の章では、「デモグラフィック・マッチング」について学んだ。この章では、「広告の表現計画」について、次の章では「未完成広告テスト」について見る。

　広告物を作成するときに、広告の試作品に対する反応を見ることは非常に重要である。なぜなら広告物は主に製品名を知ってもらう、好きになってもらうなど、ターゲットに何らかの効果をもたらすことを目指して作られるからである。

　そこで、本章ではどのような広告物がターゲット・オーディエンスに及ぼす効果を検証するためのデータ収集に注目する。まず、広告物に載せるキャッチコピーやコンセプトを考えるためにデプス・インタビューを実施する。次に、その結果を踏まえて仮説を立てる。消費者向けに2種類の広告の試作品を見せる実験を行い、被験者の反応のデータを集める。それでは、ショウのインターンの続きを見ていこう。

2　インタビュー調査でのデータ収集

◆ 広告表現

　「広告表現を考えていこうか」とミサキは説明し始めた。広告計画ではターゲットにメッセージが伝わりやすく、感情に訴える表現を考えなければならない。企業は広告を出すときに、認知度や好感度を上げるなどの広告目標を持っている。これらを達成するために、広告主が伝えたいことを言語化した広告コンセプトを関係者同士が共有する。

　だが、広告主と消費者には温度差がある。企業はできるだけ多くの情報を広告で伝えたい。一方、消費者は日々大量の情報に触れているため、興味のない広告に関心が持てず、ときには邪魔にさえ感じる。「だから、情報量を押さえて、芸術性、美しさ、親近感、ユーモアを取り入れて、たくさんの人たちに広告に触れてもらう

工夫が必要になるの」とミサキは言う。

◆ 広告表現で決めるべきポイント

　「わかりました。それで、どういうことを考えればいいんですか？」とショウが
尋ねると、広告表現で決めるべきことは、広告コンセプトと表現コンセプト、推奨
者の3つだとミサキが教えてくれた。「広告コンセプト」は「何を言うか」を意味
し、広告主がすでに用意していることが多い。だが、専門用語では消費者に伝わら
ず、長ければ飽きられ、主張が強いと反発されてしまう。そうならないよう、伝え
たい内容を噛み砕いて端的に示すことが求められる。

　「表現コンセプト」は、広告コンセプトを広告物の中で「どのように言うか」を
意味する。例えば、ある洗剤の広告コンセプトが「洗濯後にとても良い花の香りが
すること」に決まったとする。その場合、「洗濯をして洗濯機から取り出すとCG
の花びらが画面いっぱいに広がって、よい香りに包まれる」などの表現方法が考え
られるだろう。そうしたアイデアから、例えば「いい匂いって言われたい」などの
表現コンセプトが生まれる。

　「推奨者」は「誰が言うべきか」を意味する。知名度や人気が高い芸能人やアス
リートなどを用いることが多い。有名人の場合、広告会社や調査会社などによる好
感度調査を基に決定され、医療や法律など専門性が求められる製品には、医師や弁
護士などの専門家を起用することもあるとミサキは言った。ショウは「広告表現っ
てもっと自由に決められると思っていたけど、結構、縛りが多いんだ」と思った。

◆ インタビュー調査の質問項目

　「縛りがあるから逆に燃えるんだけどねー」とミサキに言われて気を取り直した
ショウは、表現コンセプトを考えるためのインタビュー調査に取り掛かった。知り
たいことをリサーチ・クエスチョン（調査で明らかにしたい問い）という疑問形の
文にまとめておくといいとミサキに言われ、ショウはリサーチ・クエスチョンを
「20代女性が高級アイスクリームを消費する理由・目的は何か」とした。でも、こ
のままではインタビュー相手に質問がうまく伝わらないかもしれないので、もう少
し具体的な質問文に落とし込んでいく。

　ショウは「あなたはなぜドゥ・レーヴを食べるのですか」と「あなたはどのよう

なシーンで（いつ、どこで、誰と）ドゥ・レーヴを食べますか」という2つの質問に分けた。もっと質問を細分化したほうがいいかをミサキに尋ねると、「細かくしすぎると、インタビュー相手から面白いことが聞けたときに深掘りできないし、思っていたのとは違う回答が出てきたときに柔軟に対応できなくなっちゃうよ。だから、質問は大まかにしておいた方がいいよ」と返された。前もって大まかな質問だけを決めておき、話を聞きながら臨機応変に質問を加えたり変更したりするインタビュー方法を半構造化インタビューという。

◆ デプス・インタビューの準備

　一度に話を聞く人数と時間によって、1人に対して詳しく聞くデプス・インタビューと複数人から同時に話を聞くグループ・インタビューに分けられる。学術研究のように厳密な調査では、他者の意見に左右されないデプス・インタビューが好まれ、第7章でアイが行ったように企業などが実務的に行うときにはグループ・インタビューが多い。一度に複数人に聞いたほうが、調査費用が抑えられ、より迅速に多くの意見が得られるからだ。

　だが、一度に複数の相手をするため、インタビュアーにある程度の経験がないと、うまく進められないおそれがある。ショウはインタビューした経験がないため、デプス・インタビューをすることにした。インタビューで注意しなければならないのは、自分たちが求める答えを引き出すために、質問者が先に答えやヒントを出して「誘導尋問」をしないことである。調査する側にとって都合のよい答えを引き出せば、実態とかけ離れるおそれがあり、実際に広告を出したときに失敗しかねない。

　ショウは誓約書とフェイス・シートを用意してインタビュー相手に手渡した。誓約書には今回のインタビューでは完全に匿名性を確保しつつ、個人情報が外部に漏れないことを約束する文章を入れる。フェイス・シートは、インタビュー相手に年齢と性別、趣味、興味・関心事に加えて、好きなテレビ番組や利用するSNSなど、調査に関する内容を記入してもらい、事前事後で確認するために使用する。また、発言内容を聞き漏らさないよう、許可を取ってスマホアプリのボイスメモで録音させてもらった。音声はメモ代わりとして使用し、外部には出さないと事前に伝える必要がある。インタビューは3名に1時間ずつ行い、後で文字起こし（録音内容を活字にすること）をした。

コンシューマー・インサイトを見つけるための定性調査

　コンシューマー・インサイトとは、消費者から本音を引き出して、特定の消費者行動が行われる理由や動機を理解する洞察のことである。こうしたコンシューマー・インサイトを得るには、質問表調査のような定量調査よりも、インタビュー調査のような定性調査の方が有効である。定量調査は仮説が正しいか確認する際にはとても効果的な手法であるけれども、広告物で斬新なキャッチコピーなどを考えるときなど、意外性のある新しい考え方を知りたいときには適切な手法とは言えない。

　その理由は次の2つが考えられる。1つは、質問票調査を設計するときに、ある程度内容を絞り込むため、多くの人には思いもつかない斬新な発想を引き出しにくくしてしまう。もう1つは、数値で捉える際の処理の仕方が挙げられる。例えば、質問票調査ではたくさんの人たちに回答してもらい、回答を数値に置き換えてパーセンテージや平均値などで全体を捉えていく。たしかにそのほうが客観性は高まるだろう。だが、こうした統計処理は、大勢の調査対象のうち、ごくわずかな人たちだけしか持っていない斬新な意見を「薄めてしまう」のである。例えば、ゲームセンターに通う高齢者が存在するといった「発見」は質問票調査から見つけることは難しいだろう。

　したがって、コンシューマー・インサイトを得るためには、面白いことを考えていそうな人たちを見つけてインタビューをして、じっくり話を聞いたほうがよい。実務の世界では、飲み物やお菓子などが置かれたテーブルを囲んで、グループ・インタビューという座談会形式で行うことが多い。もちろん、広告クリエイターが優れたアイデアを持っていることもあるけれども、新しい着想を得るために、消費者にインタビューをするのは効果的な手法の1つである。

◆ 調査から出てきた表現コンセプト

　得られたコメントには次のものがあった。まず、「普段は安いアイスなんですけど、ドゥ・レーヴは仕事でがんばった時に食べますね」とか、「バイトでレジをやってるんですけど、お盆とか年末とか忙しい時期が終わった後、買って帰ります」など、がんばった自分へのごほうびとして食べるケースがあった。また、「普段から冷蔵庫に入れておいて、嫌なことがあった時に食べますね」といった、つら

い状況や悩みがあるときに食べるという話も出た。

　ここから「食べるのはみんなと一緒に」ではなく、1人で食べるケースが多いことが伺えた。大きな仕事を終えて打ち上げで乾杯する飲料とは異なり、高級アイスクリームは1人でちょっとした贅沢を味わって気分転換をするために食べるという「コンシューマー・インサイト」を得た。コンシューマー・インサイトとは、まさに贅沢を味わう（原因）ために高級アイスクリームを食べる（結果）ように、ある事柄に関する因果関係を理解することである（詳細はColumn9 - 1を参照。因果関係については、Column 1 - 1参照）。そこから、ショウは今回「甘いひととき」という表現コンセプトを考えた。ドゥ・レーヴは心地よい時間を過ごすための存在であり、がんばった後のごほうび、嫌なことがあった時の気分転換として楽しめる。もう少し消費者の実感に近づけて、CMでは「甘いひととき、ドゥ・レーヴ Time」というキャッチコピーを使用することにした。キャッチコピーとは消費者の心を瞬時に掴むための短い文や文章のことである。

◆ 推奨者候補の決定と未完成広告テストのための仮CMの撮影

　ショウは、この表現コンセプトに関して2種類の推奨パターンを考えた。1つは、ドゥ・レーヴを食べるように促す「憧れの存在」バージョンである。起用するのは若い女性からの人気が高い俳優、山浜海人である。もう1つは、ドゥ・レーヴを食べるのが自分を重ね合わせられる「身近な存在」バージョンである。起用するのはターゲットと同世代の女優、永村あかりである。永村はアイドルグループを卒業して女優としてのキャリアをスタートさせており、10代、20代女性からの好感度が高い。この2人のように広告に登場して、そのブランドの良さをアピールする人を「推奨者」とよぶ。

　次に、ショウはドゥ・レーヴの仮CMを作ることにした。実際の広告制作では、大まかな広告の展開をコマ割りして絵や文字で表わすストーリーボードを作る。だが、今回そうした作業をスキップして、スマートフォンなどで動画を撮影することにした。スマホなら何度でも取り直せてパソコンやスマホで編集でき、YouTubeやTikTokに簡単にアップできる。ショウは2パターンの仮CMを撮影した。仮CMを使って、広告の効果を確認することを未完成広告テストという。

　読者のみなさんも、後の実験で使用するための2パターンの動画を作ってみよう。俳優や女優の役を友人などにお願いをして、完成イメージが伝わるように撮影する

とよい。撮影が難しい場合には、実在するテレビCMで異なる２パターンがあるものを探すのもよい。URLをコピーしてGoogleフォームにリンクを貼れば、簡単に質問票に動画を載せられる。ただし、無断転載されたCMは著作権法に触れるため使用せず、企業のウェブサイトで公開されているCMなどで転載可能なものを選ぼう。

3 実験によるデータ収集

◆ 仮説の提起

　ショウはA案とB案という２つの仮の動画を用意した。どちらにするか迷っている、とミサキに相談すると、「どっちの広告がより効果的かは消費者に聞くといいよ」と言われた。２つの試作広告を、被験者集団と呼ばれる異なる２つのグループに見せて反応の違いを測定する実験を行うことにした。この「実験」という分析手法では、比較したい内容（ここでは推奨者の違い）だけを変えて（操作して）他の条件を一定にし、グループ間の差異を確認することで因果関係を明らかにする。今回の未完成広告テストも実験という手法を用いている。

　何を聞けばいいのか悩んでいると、ミサキは「論点を単純化するために、比較する質問を絞り込んでみたら？　Google Scholar（https://scholar.google.com/）で調べると学術論文が色々と載っていて参考になるよ」と教えてくれた。ショウは、ミサキに教えてもらった「広告」「態度」「購買意図」といったキーワードをGoogle Scholarに入力して検索した。すると、いくつかの学術論文に使えそうな質問項目があった。なお、ここで言う「態度」は「態度が悪い」といった意味ではなく、「それが好きかどうか」という意味であることに注意されたい（詳しくは姉妹書『１からの消費者行動』を参照）。

　「それならば」と、ショウがGoogleフォームを開いて質問票を作り始めると、「質問票の前に、仮説を考えなきゃ！」とミサキに遮られた。仮説とは予想される答えのことである。学術研究では因果関係を厳密に決める必要があるのだが、ここではもう少しおおまかに捉えていく。ショウが考えた仮説は次の２つである。

仮説１：山浜海人を起用した広告（A案）は、永村あかりを起用した広告（B
　　　　案）よりも、広告への態度が高い。

仮説２：山浜海人を起用した広告（A案）は、永村あかりを起用した広告（B
　　　　案）よりも、製品購入意図が高い。

◆ 仮説の解説

　この２つの仮説は**図９‐１**のように示される。広告に接触した時の一般的な消費
者心理の変化は、広告への態度を高め（広告を好きになり）、製品への態度を高め
（製品を好きになり）、製品購入意図を高める（製品を買うつもりになる）。

　今回の実験では単純化するために製品への態度は見ずに、広告に起用する有名人
（推奨者）を山浜海人と永村あかりにした場合のこの２人への態度（好きかどうか）
で比較する。仮説では（憧れの）山浜海人のほうが（身近な）永村あかりよりもプ
ラスに強く影響するとしている。

【図９‐１　広告に関する消費者心理の変化についての仮説】

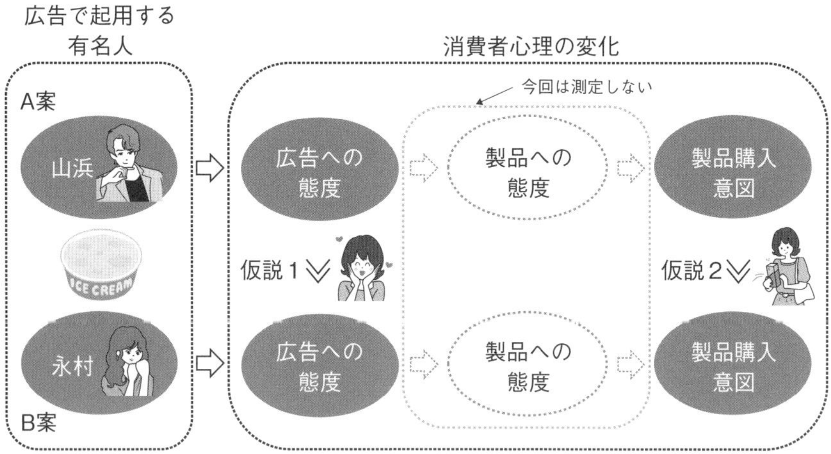

　A案とB案の唯一の違いは、出演者が異なっていることである。もしも仮説１が
正しかった（支持された）場合、広告に登場する人物は山浜海人の方が永村あかり
よりも広告への態度を高めやすいと言える。反対に、仮説１が間違えていた（支持

されなかった）場合、2つの解釈ができる。まず、有意でなかった場合、すなわち
2人の広告への態度を高める効果には差がない場合は、どちらでもよい。一方、永
村あかりの方が山浜海人よりも有意に広告への態度を高めていた場合、B案を提案
した方がよいということになる（有意差については第6章で説明したが、詳細は第
15章参照）。仮説2の製品購買意図についても同じことが言える。

◆ 実験で気をつけること

　この実験では注意しなければならないことがある。まず、回答する集団の年代と
性別をターゲットと合わせ、比較する集団同士の性質も揃えなければならない。例
えば、A案を男性に見せてB案を女性に見せる、A案を20代女性に見せてB案を
50代女性に見せるなどしてしまうと、たとえ被験者集団間で調査結果に差が出た
としても、その原因が見せる広告の違いにあるのか、それとも、被験者集団の違い
にあるのかが曖昧になってしまう。

　「それなら、同じ人にA案とB案を両方とも見せればいいんじゃないでしょうか」
とショウは尋ねたが、ミサキは「でも、それだと問題があるよ」と否定した。同じ
人が2つの案を見る場合、必ずどちらかを先に見て、その後でもう一方を見る。そ
うすると、先に見た内容が頭に残るために、もう1つの案を見たときの反応に影響
してしまう可能性がある。厳密な調査でなければ、クライアントへの説得力が落ち
るので、同じ被験者集団に両方を見せるべきではないという。

◆ 質問項目の作成と調査設計

　ショウは2案の質問票作成に取り掛かった。20代女性100名を対象に各グルー
プに50名ずつ割り付け、一方にA案の動画を、もう一方にB案の動画を見せる。
次に、広告への態度と製品購入意図を尋ねる。広告への態度についてはこの広告が
「好きである」という質問に、購入意図についてはこの製品を「買う予定である」
という質問にそれぞれ置き換えて尋ねる。ショウはGoogleフォーム（https://
www.google.com/intl/ja_jp/forms/about/）を用いて質問項目と選択肢を作成
することにした。Googleフォームとは無料で質問票を作成、収集、整理すること
ができるツールである。ショウは**表9-1**のように質問票を作成した。

【表9-1　テレビCMに関する質問票】

「テレビCMに関する質問票調査」

これはテレビCMに関する質問票調査です。
ご回答いただくみなさまのプライバシーに関わる情報を利用することはございません。
ご協力いただきますよう、よろしくお願いいたします。

〈セクション1〉

1．最初に質問します。あなたは20代の女性ですか。

　　　1　はい　　→ 次のセクションに進む

　　　2　いいえ → セクション4に移動（質問票終了画面）

〈セクション2〉

これから以下のテレビCMをご覧ください。
CM動画を挿入する。

〈セクション3〉

2．以下の質問について、最も当てはまる選択肢をチェックしてください。

	そう思わない まったく	ややそう思わない	どちらとも言えない	ややそう思う	とてもそう思う
2-1　このテレビCMが好きである。	1	2	3	4	5
2-2　このテレビCMに出ていた製品を買うつもりだ。	1	2	3	4	5

〈セクション4〉

これで質問を終了します。ご協力ありがとうございました。

　その手順として、まず「空白のテスト」をクリックして「空白のテスト」と書いてある所に「テレビCMに関する質問票調査」と入力し、その下に次の文を書き込んだ。

＜挨拶文の例＞

> これはテレビCMに関する質問票調査です。ご回答いただくみなさまのプライ
> バシーに関わる情報を利用することはございません。ご協力いただきますよう、
> よろしくお願いいたします。

　次に、ウインドウ右下の「セクションを追加」ボタンを押してセクションを追加
した。セクションを追加することで、質問票の項目ごとにページが変えられる。2
個目のセクションのタイトル部分の「無題のセクション」を消して空欄にすると
「セクション タイトル（省略可）」と表示され、その下に「これから以下のテレビ
CMをご覧ください。」と記入し、さらに下側（もしくは右側）にある「動画を追
加」ボタンを押して動画を挿入した。動画はあらかじめ撮影したものをYouTube
にアップして、「動画を追加する」ボタンを押してURLを貼り付けるとアップした
動画がそのまま見られる。

◆ 質問票の入力

　次に、3つ目のセクションを追加し、「以下の質問について、最も当てはまる選
択肢をチェックしてください。」と入力した。「質問を追加」ボタンを押し、「この
テレビCMが好きである。」と入力する。選択肢を追加して5つにし、それぞれに
「とてもそう思う」、「ややそう思う」、「どちらとも言えない」、「ややそう思わない」、
「まったくそう思わない」と入力した。無回答をなくすため、ショウはこのボック
スの下にある「必須」ボタンをオンにした。

　再び「質問を追加」ボタンを押し、「このテレビCMに出ていた製品を買うつも
りだ。」と入力した。選択肢を追加して5つにし、先ほどの質問と同様、それぞれ
に「とてもそう思う」、「ややそう思う」、「どちらとも言えない」、「ややそう思わな
い」、「まったくそう思わない」と入力して、必須ボタンもオンにした。最後に、4
個目のセクションを追加し、「これで質問を終了します。ご協力いただきまして、
ありがとうございました。」と書いた。

　だが、今回の質問票では、対象である20代女性以外の回答者を混ぜたくない。
そのため、ショウはスクリーニングをするための質問を入れた。いったん1個目の
セクションに戻り、「質問を追加」ボタンを押したうえで、「最初に質問します。あ

133

Column 9 - 2

サンプリング

　インタビュー調査とは異なり、質問票調査では「サンプル」と呼ばれる調査対象者を探してくるのが難しい。数百人、数千人に調査を行う場合に、1人ずつ被験者に声をかけていくのは簡単ではない。もちろん、インターネットで知り合いの知り合いに声をかけていけば、雪だるま式に多くの被験者を集めることができるだろう。だが、そうして集めた人たちはサンプルとしては偏っている可能性が出てくる。

　例えば、最初に声をかけた10人が大学生であれば、大学生の年齢層の人たちがサンプルに多く含まれるだろうし、最初に声をかけた10人が大学生でかつ女性だけであれば、サンプルが女性に偏る可能性があるだろう。こうした偏りをできるだけなくすために、「サンプリング」という手法が重要になってくる。サンプリングには、調査対象として想定している集団（母集団）の中で、乱数表によってサンプルとなる回答者を抽出していく単純抽出法、母集団にランダムに数値を割り当てたうえで、最初のサンプルとなる人だけを抽出したあとは一定の間隔で選んでいくという等間隔抽出法、地方もしくは市区町村の名称など、ある程度のエリアを絞り込んだうえで、個人を抽出する多段抽出法などがある。こうしたサンプリングは実態を捉える際に有効である。

　厳密にサンプル数を決めるためには、母集団の人数と誤差の範囲、つまり、その統計で予測できる精度を考える必要がある。母集団が増えれば増えるほど、サンプル数を増やさなければ誤差は大きくなってしまうし、母集団が固定される場合、サンプル数を増やすほど予測精度は上がる。具体的な計算式については、統計の教科書などにも掲載されているので、確認するとよいだろう。一方、男女や年代で平均値などに差が生じる可能性があり、それらの違いを明らかにしたい場合には、性別や年代でサンプル数を揃えた方がよい。

なたは20代の女性ですか。」と書き、選択肢を追加して2つに設定して、選択肢1を「はい」、選択肢2を「いいえ」とした。「必須」ボタンと「回答に応じてセッションに移動」ボタンをともに押した。「はい」に関しては「次のセクションに進む」を選択し、「いいえ」の回答の方は「セクション4に移動」を選択した。こうすれば、調査対象以外の回答者はそのまま質問が終了される。

◆ 質問票調査の実施

　ショウは以上の要領でＡ案に関する質問票が完成させ、いったんform画面に戻ってform名を「質問票Ａ」に変更した。Ｂ案についてはＡ案と同様に作成し、動画の部分だけを差し替えて完成させた。「質問をインポート」ボタンを押してＡ案の選択肢をインポートすると作業の一部を省略できることをミサキが教えてくれた。質問票が完成したので、調査票をメールで送った。

　ミサキからは、今回の調査では厳密なサンプリングをせず、知り合いなどに回答してもらっても良いと言われた。質問票のURLをコピーして、メールやLINE、Twitterなどでシェアしたり、同じ大学など内部の人たちに協力してほしい場合には、メールやイントラネットで伝えたりすればよい。友だちならLINE、知らない人に協力してもらうには他のSNSといったように使い分ける。その際、Ａ案とＢ案の回答者が重複しないように配慮しなければならない。

　「組織内部の人にお願いする場合、自分たちが所属するゼミやサークル、自分の名前を入れた方がいいわよ。ただ、不特定多数に調査する場合はむやみに個人情報を出さずに、組織名を示すに留めたほうが無難ね」とミサキが言った。ただし、こうした簡便なサンプリングの方法には問題もある。詳細はColumn 9 - 2 やColumn14 - 1 を参考にしてもらいたい。

4　おわりに

　本章では、広告の表現コンセプトとキャッチコピーを考える際のヒントを得るため、消費者にデプス・インタビューを行った。そこで得たさまざまな意見から、「甘いひととき。」という表現コンセプトと「甘いひととき、ドゥ・レーヴ Time」というキャッチコピーを採用し、２つの試作広告を用意した。Ａ案とＢ案のどちらがよりターゲットの心を掴むかを確認するため、仮説を立てて実験を行うことにした。Google フォームで質問票を作成して調査を実施した。第10章では、Ａ案とＢ案のどちらがよいのかを決めるために、調査して得られたデータを分析していく。

❓ 考えてみよう

① 　高級アイスクリームについて友人3人にインタビューをしてみよう。

② 　このインタビューの結果を文字起こしして、面白いアイデア（コンシューマー・インサイト。Column9‐1参照）を書き出して考えてみよう。

③ 　出てきたアイデアを基に広告案となる動画を2パターン撮影し、Googleフォームで質問票を作成して、実際に調査をして、その結果について考えてみよう。

次に読んで欲しい本

☆「現代広告の父」による売れる広告を作る方法について、詳しく学ぶには。

　オグルヴィ, D.『「売る」広告［新訳］』（山内あゆ子 訳）海と月社、2010年。

☆定量調査と定性調査を含む社会調査手法について、詳しく学ぶには。

　大谷信介・木下栄二・後藤範章・小松洋『新・社会調査へのアプローチ』ミネルヴァ書房、2013年。

第10章

未完成広告テストから導かれる広告表現計画

第1章
第2章
第3章
第4章
第5章
第6章
第7章
第8章
第9章
第10章
第11章
第12章
第13章
第14章
第15章

1　はじめに

　第9章で、ショウは消費者にデプス・インタビューによって広告の表現コンセプトとキャッチコピーを考えて、2つの広告案を作った。このうちどちらの広告がよりターゲットに効くのかどうかを探るべく、質問票調査を用いた実験を行うことにした。第9章では質問票を作成するために、質問項目や選択肢を考えてGoogleフォームに入力し、調査を実施した。本章では集めたデータをExcelで読み込み t 検定を行う。2つの広告に登場する推奨者の違いによって、消費者の反応に統計上意味のある差が出てくるかどうかをチェックして、A案とB案のどちらを採用すべきかを考えていく。前章で説明した通り、この一連の実験作業を「未完成広告テスト」と呼ぶ。

2　平均値の差の検定

◆ データの加工

　Googleフォームで集めたデータはそれぞれのフォームの「回答」タブを押すと、円グラフで示される。ただ、これだとA案とB案のどちらを採用すればよいのか判断できない。もちろん、A案では「とてもそう思う」が100％で、B案では「まったくそう思わない」が100％というように回答が両極端に偏れば、判定は容易である。だが、実際にはそうならないことが多い。「2つの集団の影響を比較するなら、それぞれの平均値を見るといいよ」とミサキは言いながら、Google フォームの操作方法をショウに教えていく。

　まず、各質問票の回答欄の横にあるスプレッドシート・マークを押すと、自動的にデータが入力される。これをエクセルシートに貼り付ける（章末のリンクからダウンロード可能）。シート「加工データ」の表頭は左から(1)「タイムスタンプ」、(2)「最初に質問します。あなたは20代の女性ですか。」、(3)「このテレビCMが好きである。」、(4)「このテレビCMにでていた製品を買うつもりだ。」となっている。

(1)タイムスタンプというのは、ある人が回答を終えて送信した時間のことである。このままでもよいが、個人を表すID番号に置き換えた方がわかりやすい。上から順に、1、2、3、……と数字を入力し、最後の人の所までドラッグ・アンド・ドロップすると、自動的にID番号が振られる。(2)は「対象者判別」（20代か否か）、(3)は「広告への態度」、(4)は「製品購入意図」と書き換える。B列の(2)に関しては、「はい」と「いいえ」のいずれかが書かれている。B列全体を選択して文字を数値に変換するために、ショウは「はい」を1に、「いいえ」を0に置き換える。このように、回答をダミー変数に置き換えることで、集計、並べ替え、編集などがやりやすくなる。

　広告への態度と製品購入意図に関しても同じ要領で、「とてもそう思う」を「5」に、「ややそう思う」を「4」に、「どちらとも言えない」を「3」に、「ややそう思わない」を「2」に、「まったくそう思わない」を「1」に置き換える。ショウは質問票Aのデータ加工作業を終えると、質問票Bについても同様の処理をした。

◆ t 検定

　「ここからが本番だね。t検定で平均値の差を比較してみて！」とミサキが言った（t検定の詳細については第15章を参照）。ショウはExcelのファイルを立ち上げて、質問票Aの結果と質問票Bの結果を質問項目ごとにまとめた。まず、広告への態度に関して出てきた元のデータ（ローデータ）が**表10－1**である（章末にあるQRコードからダウンロード可能）。なお、この広告への態度と製品購入意図に関するローデータは、分析を理解してもらいやすくするために筆者が作成した架空のものである。

　ショウは広告への態度に関してt検定を行った。「はじめてExcelでt検定をするときには、分析ツールに加える必要があるの」とミサキが言った。Excelのオプションからアドイン（追加プログラム）に入り、設定ボタンを押して分析ツールをチェックするとt検定が実行できるようになる。t検定する際に、3種類の方法から1つを選択する。今回行う2つの検定では、どちらも「分散が等しくないと仮定した2標本による検定」を選択する。その理由を含めた詳しい解説は第15章に掲載している。

第10章

【表10‑1　Ａ案とＢ案の「広告への態度」に関する回答結果】

回答者（人目）	Ａ案	Ｂ案
1	5	3
2	5	3
3	5	4
4	3	4
5	4	3
6	5	3
7	4	4
⋮	⋮	⋮
48	4	4
49	4	5
50	4	4

注：数値は筆者が作成した架空のもの

◆ 広告への態度

　ｔ検定について、入力元の「変数１の入力範囲」を広告への態度（Ａ案）の下に
ある数字（B2からB51まで）をドラッグ・アンド・ドロップで選択する。「変数
２の入力範囲」については、広告への態度（Ｂ案）の下にある数値（C2からC51
まで）をドラッグ・アンド・ドロップで選択する。その結果、出てきたのが**表
10‑2**である。数値のタブに小数点以下の位を上げ下げできるボタンがある。見
やすくするために、小数第３位までを表示する。Ａ案の平均値を見ると4.18で、
Ｂ案の3.82よりも数値は0.36高い。「Ａ案の方が少し大きいので、これで決まり
ですかね？」と言うショウに、「まだ早いよ。この数値の差に統計上意味があるか、
つまり有意差があるかどうかが肝心なんだから」とミサキは注意する。
　ミサキが言う有意差は次の方法で確認できる（有意差については第６章で説明し
たが、詳細は第15章参照）。ｐ値という数字（表10‑2の「Ｐ（T<=ｔ）片側」）
を見ると、0.002とある。慣例的に、検定では５％水準で有意かどうかを判定する。
つまり0.05以上であれば「有意差なし」、0.05未満であれば「有意差あり」とみ
なす。0.002は0.01未満なので、Ａ案（平均値4.18）とＢ案（平均値3.14）には
５％水準よりも厳密な１％水準で有意差があるということがわかった。

【表10-2　t検定の結果（広告への態度)】

	変数1（A案)	変数2（B案)
平均	4.18	3.82
分散	0.396	0.314
観測数	50	50
仮説平均との差異	0	
自由度	97	
t	3.022	
P(T≦t)片側	0.002	
t 境界値 片側	1.661	
P(T≦t)両側	0.003	
t 境界値 両側	1.985	

◆ 製品購入意図

　続いて、製品購入意図について出てきたローデータが**表10-3**である（章末にあるQRコードからダウンロード可能）。広告への態度と同様の操作で、製品購入意図についてA案とB案に差があるかどうかを見ていく。入力元の「変数1の入力範囲」を製品購入意図（A案）の下にある数字（B2からB51まで）をドラッグ・アンド・ドロップで選択する。「変数2の入力範囲」については、製品購買意図（B案）の下にある数値（C2からC51まで）をドラッグ・アンド・ドロップで選択する。その結果、表10-4が出てきた。

　変数1がA案、変数2がB案を指している。各平均値はA案が3.52、B案が3.36で、A案の方が大きい。次に、この差に統計上の意味があるかどうかを確認するため、ショウは再びp値（P（T≦t）片側）を見てみた。0.05未満だと5%水準で有意な差があると判定できるが、0.076だったので統計上の有意差が認められなかった。つまり、A案でもB案でも製品購入意図には差が生じないことを意味する。ため息をつくショウにミサキがアドバイスをくれた。「残念だったね。だけど、どっちも平均値が3よりも大きいよね。3は『どちらともいえない』だから、『このテレビCMに出ていた製品を買うつもりだ』という項目に関して、『ややそう思う』という答えに引っ張られていると捉えることができるよ。だから、両方のCMを採用した方がいいと提案したらどうかな？」と。

【表10‐3　A案とB案の「製品購入意図」に関する回答結果】

回答者（人目）	A案	B案
1	3	3
2	3	4
3	4	3
4	4	3
5	4	3
6	3	3
7	4	4
⋮	⋮	⋮
48	4	3
49	4	4
50	4	4

【表10‐4　t検定の結果（製品購入意図）】

	変数1（A案）	変数2（B案）
平均	3.52	3.36
分散	0.336	0.276
観測数	50	50
仮説平均との差異	0	
自由度	97	
t	1.446	
P（T<=t）片側	0.076	
t境界値 片側	1.661	
P（T<=t）両側	0.151	
t境界値 両側	1.985	

※数値は筆者が作成した架空のもの

3 分析結果の解釈

◆ 考察とは何か

「最後に、実験結果を考察してまとめましょう」とミサキは言った。考察とは、調査や分析を行った結果、何がわかり、どのようなことが言えるのかを考えてまとめることである。データ分析を使ったプレゼンテーションで、分析結果だけを伝えても十分とは言えない。考察を加えて、初めて提案ができるのである。今回の実験結果について、ショウは次のように考えた。20代女性の被験者の広告への態度に関しては、A案の憧れの人（俳優の山浜海人）の方がB案の身近な人（女優の永村あかり）よりも高かった。ここから、ちょっと一息つきたいときなどに食べる高級アイスクリームの広告には、憧れの芸能人を起用した方が広告を好きになってもらいやすいことが示唆される。

一方、製品購買意図についてはA案とB案で有意差がなかった。だが、A案もB案も平均値は、広告への態度と製品購買意図にいずれでも3より高く、肯定的に評

価されていた。「だから、今回はＡ案をより積極的に使用しつつ、Ｂ案も並行して使っていくことを提案します」とショウが言うと、「ひとまず、お疲れさまでした。初めてにしては上出来じゃない！」とミサキは労った。

◆ プレゼンテーションで伝えること

　ここまで、ショウやミサキとともに広告計画に関するデータ分析を行ってきた。最後に、第Ⅲ部の各章で扱った分析を順に振り返って、広告に関するプレゼンテーションで何をどう伝えればよいのかを整理する。まず、第８章では媒体計画の際に重要なデモグラフィック・マッチングをするために、メディアに関するマクロデータを分析した。休日のメディアの行為者率の推移を見ていくと、テレビとインターネットの行為者率は同程度であり、テレビの有効性は落ちていなかった。

　年代別メディア行為者率を見ると、テレビについては10代が50％台前半で最も低く、年齢が上がるにつれて比率が上がり、60代の比率は100％近くだった。反対に、インターネットの行為者率は10代から30代が９割に達しているのに対して、60代は６割程度だった。だが、「女性が普段から利用しているメディア」を尋ねた調査ではテレビの利用率は高く、インターネットではSNS、ポータルサイト、メーカーのサイトなどでそれぞれ異なる傾向が見られ、一括りにすべきではないことが分った。

　今回、取り上げた高級アイスクリームのメイン・ターゲットは20代女性だが、他の世代がまったく興味がない製品ではない。そこで、テレビを選択することで、メイン・ターゲット以外の世代にも広告を見てもらうことにした。データを基にCMを流す番組のジャンルを検討して、10代20代が良く視聴するバラエティやドラマを選んだ。

◆ インタビューと未完成広告テスト

　ここでサクラのアドバイスを基にショウが進めた作業を振り返ってみよう。第９章では、広告の表現計画において消費者から有益な情報（コンシューマー・インサイト）を得るために、デプス・インタビューを実施した。その結果、高級アイスクリームはがんばった後の自分へのご褒美や気分転換で、１人で食べるものだと分かった。そこで、広告コンセプトを「甘いひととき。」に、キャッチコピーを「甘

いひととき、ドゥ・レーヴ Time」に設定した。

　第9章では、ショウは実際の広告を撮影する前に、仮の案として2編の広告用動画を作成した。A案は憧れの人を、B案は身近な人を起用したものである。どちらがより視聴者の評価が高いかを確かめるため、未完成広告テストを行った。2つの20代女性の集団に異なる広告案を視聴してもらい、広告への態度と製品購買意図を尋ねた。

　本章では、ショウが調査で集めたデータにt検定を加えて平均値の差を比較した。その結果、広告への態度については、A案がB案よりも統計上有意に高かった。一方、購買意図についてA案とB案に有意差は認められなかった。クライアントにプレゼンをする際には、まず広告への態度が高まったことを強調するといいだろう。確かに、製品購買意図に関して差は出なかった。だが、A案もB案も購買意図に差がなかったので、両案とも採用して広告で流せば、消費者から飽きられにくくなると伝えれば、より積極的な提案としてクライアントに受け入れられやすくなるだろう。

◈ 差の検定とグラフによる視覚化

　数値を比較する際に気を付けるべきことは、回答データの数字に差があるだけで、差があると判断せず、その差が統計上意味を持つかどうか、すなわち有意差があるかどうかを意識することである。5段階評価の項目で、一方が4.4でもう一方が4.5だった場合、「差が少しある」とも「差はほとんどない」とも言える。このように分析者の感覚で判断すれば、もはや客観的な結果ではない。こうした曖昧さをなくすためにt検定などの統計手法を用いるのである。

　また、データを示すときに、表を作って数値で示すよりもグラフで示したほうが視覚的に伝えやすくなる場合がある。実際に、本章で分析した未完成広告の結果についてグラフを作ってみよう。まず、A案とB案それぞれの広告への態度と製品購買意図の平均値をExcelに入力して表を作る（**表10−5**）。この部分を選択して「グラフ」ボタンを押すと簡単にグラフが作れる。そこに数値や文字や線を加えて見やすくしたものが**図10−1**である。平均値の高さを棒グラフで示し、比較する個所同士を点線で結ぶ。点線上の所に*（アスタリスクという記号。有意差があるという意味）やn.s.（not significantの略。有意差がないという意味）と入れて結果を示す。やり方はいくつかあり、ここでは*を「1％水準で有意差あり」の意味

Column10 - 1

広告業界でデータが求められる理由

　なぜ芸術的な要素を含んでいる広告制作するのに定量データが必要なのかを考えたことがあるだろうか。よく「広告は文化であり芸術だ」と言われる。それは、広告主が広告で伝えたいことをそのまま言葉にしても、消費者にはわかりにくく、ノイズと見なされることさえあるからである（第8章参照）。そのため、広告物を制作する際には表現計画を立てて、消費者の心に刺さる広告を作ることが求められる。

　そこで力を発揮するのが、美術や音楽などの芸術的な能力が秀でたクリエイターと呼ばれる人たちである。実際、カンヌライオンズ（Cannes Lions International Festival of Creativity）やスパイクスアジア（Spikes Asia）などの国際大会、あるいは、日本でもさまざまなマスメディアや広告会社が広告賞を設けて、芸術性や創造性の高い広告物と制作者たちが数多く評価されている。こうした評価を受けたクリエイターにとって、自分たちが生み出した広告は芸術的な側面を含む「作品」として捉えることができるだろう。

　一方、広告主が企業である場合、そのほとんどが営利目的で広告を制作する。出稿する広告によって、消費者心理が変わり購買に結びつくことで企業の利益に繋げなければならない。どれほど新規性に富み、芸術性が高かったとしても、それが広告主の業績の向上に寄与しない広告は、広告主からの評価は低くなってしまうだろう。

　そうした広告クリエイターと広告主の認識のギャップを埋めるために、広告会社のマーケティング・リサーチの担当者はさまざまなデータの入手と分析を進めて、広告主に対して論理的説得することが求められる。さらに、プレゼンテーション担当者はどのタイミングでどのデータを用いて、上司やクライアントなどの聞き手に効果的に伝えればよいのかを考えていかなければならないのである。

第10章

で使用している。

【表10 - 5　A案とB案の広告への態度と製品購買意図の平均値】

	A案	B案
広告への態度	4.18	3.82
製品購買意図	3.52	3.36

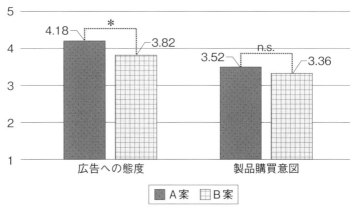

【図10-1　平均値の差の検定結果（広告への態度、製品購買意図）】

* p ＜ .01（1％水準で有意差あり）
n.s. p ＞ .05（5％水準で有意差なし）

　このようにグラフで示せば、スライドを初めて見た人でも、なぜA案のほうがB案よりもいいことが直感的に理解できる。わかりやすく伝えるためには、グラフ以外にも、スライドの文字の大きさや話し方など、さまざまな点で改善ポイントがある。人前でプレゼンテーションすることに慣れていなければ、本番前に誰かに見てもらいコメントをしてもらうとよい。自分以外の視点が加わることで、聞き手が理解しやすいプレゼンテーションができるようになるだろう。

◆ より厳密な調査をするには

　本書では初学者がデータ分析を楽しく実践的に学べるように、詳細について簡略化した部分がある。そこで、ここでは発展的な内容として、学術的に必要とされる厳密な測定や分析をするために必要なことを確認しておく。今回、A案とB案を被験者に見せて、広告への態度と製品購入意図の高さについて比較した。だが、そもそも「広告を見ることでそれらの評価が上がるのかどうか」は確認していない。これを示すためにはA案やB案を見せる被験者集団の他に、比較対象として広告を見せない集団を設けて、何も見せずに製品購入意図を聞く必要がある。こうした何も「刺激」（この場合は広告を見せること）を加えない集団を、コントロール・グループ（統制群）と呼ぶ。ただし、コントロール・グループには広告を見せないため、

「広告への態度」は確認できない。

　また、未完成広告テストで尋ねる質問はもっとたくさん設定してもよかったかもしれない。第9章では、「ほっと一息つきたいときに食べるというコンセプトで制作する高級アイスクリームのCMで、憧れの人が出てくるほうが、身近な人よりも、広告への態度を高めるのか」という仮説を検証するために未完成広告テストを実施した。これをより厳密に測定するために、同章で挙げた以外にも確認すべき項目がある。

　例えば、ドゥ・レーヴは高級アイスだと伝えていたが、実際には消費者が「高級」だとは思っていないかもしれない。そのため、「このアイスクリームはどのような印象を受けますか」と尋ねて「高級である」という項目について、「5．とてもそう思う」「4．ややそう思う」「3．どちらとも言えない」「2．ややそう思わない」「1．まったくそう思わない」という選択肢から答えさせると、このアイスクリームの高級感に関して消費者がどう認識しているかが測定できる。例えば、ドゥ・レーヴよりも一般的に安価なアイスクリームのCMを別の同質的な被験者集団に見せて、t検定で見たときにドゥ・レーヴの平均値が有意に高ければ、ドゥ・レーヴが一般的なアイスクリームよりも「高級である」ことが客観的に示せるのである。

　他にも、動画を見た印象として「ほっとする」とか、登場する異性や同性に対して「憧れる」とかいった感情についても、「5．とてもそう思う」〜「1．まったくそう思わない」の5段階の選択肢から5件法で尋ねることができる。このように、質問項目を増やせば増やすほど、より厳密な調査結果が得られるだろう。また、被験者の数を増やせば、集団間の誤差を減らすことができるだろう。こうした厳密な手続きは、学術論文では必要になってくる。

　むろん、例えば、このアイスクリームが高級であることはよく知られている場合や、山浜海人が異性から憧れの存在であり、永村あかりが同性に身近な存在として人気が高いことなどが、すでに行われている別の調査（二次データ）から確認できる場合には、それらをあえて測定し直す必要はないだろう。また、今回はA案とB案に起用する有名人の性別を変えている。だが、例えば同じ「憧れの男性」（あるいは「身近な女性」）である場合でも、人によって結果が変わることも十分考えられる。人によっても、高級アイスクリームや有名人への関与や態度は異なるだろう。そうした個人差によっても、広告への態度や製品の購買意図は数値が異なってくるだろう。

◆ 厳密な調査のデメリット

　だが、こうした厳密な調査にはデメリットもある。質問数を増やせば、回答する
のが大変になるので、回答者数は減り、インセンティブという形でより多くの謝礼
を払う必要が出てくる。質問数が増えれば、質問をろくに読まずに回答する人たち
が増えるリスクも高まる。そうした「いい加減な回答者」を見つける「チェッカー」
として仕掛けを作っておくことがある。その1つに、同じ質問を2回して「好きで
ある」「嫌いではない」のように、質問を反転させるというやり方がある。

　ただし、この広告が「好きである」と「嫌いではない」は厳密に同義語とは言え
ないという意見もある。確かに「好き」の反意語は「嫌い」であるけれども、「で
はない」のように否定語を入れた場合、純粋な反意語とは異なる反応に繋がる可能
性はある。一般的に「嫌い」のほうが「好きではない」よりも否定のニュアンスが
強い。そのため、反転した設問をする場合、どのような反応が考えられるのかをき
ちんと検討して、文言を決めた方がいいだろう。

　回答者数を増やせばコストがかかり、質問数が増えればいい加減な回答が増えて
しまう。そうならないためにも、質問票の質問数はできるだけ絞っておいた方が良
い。それには、この調査で一番何が知りたいのかを明確にしておく必要がある。知
りたいことが曖昧だと、いたずらに質問数が増えてしまう。知りたいことが漠然と
しているのであれば、慌てて質問票を作成せず、まずは調査対象者にインタビュー
をしてコンシューマー・インサイトを把握した上で、検討事項を絞り込んだほうが
良いだろう。

4　おわりに

　本章では、高級アイスクリームの広告試作品に関して行った質問票調査の結果を
基に、A案とB案の平均値を算出してt検定を行った。その結果、広告への態度に
ついて、A案の方がB案よりも統計上有意に高かった。ただし、製品購入意図につ
いては、A案とB案の平均値に統計上意味のある差が認められなかった。公的機関
が公表したマクロデータ、インタビューで得られた回答、実験のための質問票調査
から得られたデータのいずれも「他者の声」である。他者の声は、個人による主観

Column10 - 2

メディア接触と購買行動の可視化

　広告効果の測定は、広告費を支出した広告主にとって、その広告が実際にターゲット・セグメントに届き、期待した消費者の行動変化につながったどうかを確認する非常に重要な活動である。測定がしやすいインターネット広告とは違い、新聞、雑誌、ラジオ、テレビといったマスコミ4媒体の広告は、接触者が消費に至るまでの過程を追跡することが難しかった。だが、マスメディアがインターネットに進出したことで、広告接触者の購買行動をより正確に捉えられるようになってきた。その例として、エフエム東京（TOKYO FM）が2021年に発表した音声広告効果検証の事例を取り上げる（エフエム東京 2021）。

　TOKYO FMでは、ラジオのインターネット同時送信サービスradikoが持つ、同社をキーステーションとするJFN全国38局の聴取データと、購買・来店・サイト来訪・入会などの行動を突合することで、番組やCMの聴取者の購買行動等を追跡できるという。TOKYO FMデジタル戦略局・小田紀和氏によると、広告識別子と呼ばれるスマートフォンが個別に持つIDは、さまざまな企業が運営するアプリの会員利用情報と紐づけることができるという。

　例えば、TOKYO FMでは、全国の提携社の店舗で発行され、会員登録するとポイントが店舗で使えるPontaカード公式アプリを利用した分析を行っている。「Skyrocket Company」という平日の帯番組の1コーナーとそのCMを放送している某飲料メーカーがある。番組提供の前後で、同番組リスナーでPonta会員の同社製飲料購買データを突合したところ、ライトリスナーの購買率が104.8%、ヘビーリスナーが114.8%と上昇したのに対して、競合他社製品の購買率は83.5%と下降した。他の調査でも同様の結果が得られており、TOKYO FMでは自社で保有する情報を外部データと突合させて、リスナーやユーザーの拡大やスポンサーの獲得を進めていきたいという。

や思い込みを排除し、客観性を高めることができる。データを収集して分析した結果は、クライアントや上司など、さまざまな他者に自分の考えの説得力を高めるための強力なエビデンス（根拠）となるだろう。

❓ 考えてみよう

① 　自分で作成した質問票調査の結果について、本章に書かれているやり方をもとに、t検定を行ってみよう。

② 　t検定の分析結果について自分なりに考察してみよう。

③ 　第Ⅲ部全体で取り上げた分析結果をもとに、プレゼンテーション用のスライドを作成し、5‐10分間のプレゼンテーションをしてみよう。

主要参考文献

エフエム東京（2021）「ラジオは広告効果検証が聴取データで実証できるメディア！TOKYO FMの音声広告効果検証基盤　ラジオ番組提供による購買リフトアップ効果を聴取データで実証」7月14日プレスリリース（https://www.tfm.co.jp/company/pdf/news_d6fd3498f04c78734734d4136ecd933b60ed63f2795cb.pdf）

次に読んで欲しい本

☆統計分析ソフトSPSSを用いたデータ解析について、詳しく学ぶには。

小塩真司『SPSSとAmosによる心理・調査データ解析—因子分析・共分散構造分析まで（第3版）』東京図書、2018年。

☆マーケティング・コミュニケーションの理論について、詳しく学ぶには。

ジョンR.ロシター、スティーブン・ベルマン『戦略的マーケティング・コミュニケーション IMCの理論と実際』（岸志津江監訳、東急エージェンシー マーコム研究会訳）東急エージェンシー、2009年。

【分析用データのダウンロード】

　本章の分析で使うデータは、ダウンロード専用サイトから入手できます。以下のQRコードを読み取ってダウンロードサイトにアクセスしてください。

https://www.sekigakusha.com/data/1st_32

第 **IV** 部

国のイメージ調査から回帰分析を学ぶ

第11章

原産国イメージと
消費者行動の理論

第1章
第2章
第3章
第4章
第5章
第6章
第7章
第8章
第9章
第10章
第11章
第12章
第13章
第14章
第15章

1 はじめに

　皆さんの周りには、ある国あるいは地域が好きで、食べ物を食べたり、雑貨を集めたり、そこの言葉を勉強したり、旅行に行ったりする人はいないだろうか？　特定の国に対して抱くイメージは普段の消費者行動に強く影響を及ぼしており、企業のマーケティング活動を考える上で重要な要素の1つである。

　第Ⅳ部では、こうした国のイメージや感情が消費者行動に与える影響について考える。まず第11章では、マーケティング・消費者行動分野における国のイメージの理論を学ぶ。次に第12章では、国のイメージの実際を各種二次データからみていく。最後に第13章では、回帰分析を用いて国のイメージの消費者行動への影響について考察する。これらの理論とデータ分析から、グローバル企業のマーケティング戦略の立案につなげることを目指す。

　ここからは、外国企業の国内プロモーションを担当するハナとタロウと一緒に学んでいこう。

2 原産国イメージの理論

　ハナは、現在26歳、出身は九州だが、大学進学のため上京し、のちに広告会社A社に就職した。小学生の頃から母の影響で韓流に触れ始め、ドラマや音楽など次々と好きになり、大学4年生の時にはハングル能力検定試験3級にも合格した。

　ハナと大学時代の部活仲間のタロウは、関東出身で、東京の私立大学を卒業後、広告会社B社に就職した。もともとアメリカの音楽やストリートダンスが好きで、高校時代にカナダでの短期ホームステイ、大学時代にアメリカに1年間留学している。

　2人は、新年度からそれぞれ、韓国の化粧品メーカーとアメリカの冷凍食品メーカーの日本でのプロモーションを担当することになった。

◆ 外国企業のプロモーション戦略を考える

　2人は久しぶりの会話で仕事の話になり、偶然にもお互い同じタイミングで外国企業の国内プロモーションを担当することになったことを知った。2人とも、自分が長年慣れ親しんだ国の企業を担当するということでうれしい半面、不安な気持ちもある。2人は次のように話した。

　　タロウ 「いま世界的に韓国ブームと言われているよね。BTSやイカゲームなどは、アメリカの友達もみんな知っているみたいだし。日本ではもっと前から韓流にハマる人が多かったし、韓国企業をプロモーションするには良いタイミングのように思う。」

　　ハナ 「それはそうだけど、よく考えてみるとそんなに甘くないのよ。だって、よくある世論調査などを見ても、日本人は韓国に対してよく思ってない人の方が圧倒的に多いんだよね。デパートや他の小売店を見ても、韓国の商品って実際にはそんなに多くはない。一部だけで盛り上がっているだけかもしれないし、下手にプロモーションすると反感を呼ぶかも。むしろ、アメリカの方が昔から日本人には馴染みがあって、マーケティングしやすそうじゃない？」

　　タロウ 「それが案外難しいよ。日本ではアメリカが好きな人は多いと思うけど、アメリカの食品メーカーはあまり知られていないよね。僕がアメリカ留学していた頃は、よく冷凍食品を買って食べていたけど。この間、母にアメリカの食品メーカーについてどう思うか聞いてみたら『シリアルのケロッグぐらいしか知らないし、最近全然買ってないからよくわからない』って言われたよ。」

　　ハナ 「なるほど。アメリカ企業だからと言って必ずしも市場に受け入れられる保証はないかもね。でも、iPhoneはみんな大好きだよね。日本は世界でiPhoneのシェアがダントツで高いって聞いたことがある。なぜだろう。」

　アメリカも韓国も、いまの日本市場において存在感がある国であるが、企業のプロモーション戦略を考えるためにはさまざまな要素が絡み合っていると感じた2人は、これからもう少し勉強してみようと話し合った。

　ハナはまず、週末に近くの大型書店を訪れた。マーケティングに関する本を何冊

か手に取って読んでいく中で、「原産国効果」という概念に目がとまった。

◆ 原産国効果

　原産国とは英語の「Country of Origin」の訳で、COOと略されることが多い。そして、原産国が消費者行動や市場に与える影響を原産国効果という。この概念の起源は、19世紀末のイギリスで、当時のイギリス政府が外国（おもにドイツ）からの低価格のコピー製品から本国産業を守るため、それらの製品に産地を明記するよう法律で定めたことに求められる。

　ここ数十年の間にグローバル経済の進行に拍車がかかり、製品やサービスの製造および提供プロセスにおいて複数の国や地域がかかわるケースがますます多くなっている。例えば、製造国をさす「メイド・イン・〇〇」以外にも、創業の地、デザインを担当する部署や企業本部の所在地、素材の産地など、国境を越えた協業によって純粋な原産国がはっきりとしなくなっている。こうした現象は、製造業だけでなく、近年はエンターテインメント業界などでもよく見られており、K-Popでは韓国だけでなく他の国の出身のアイドルも積極的に登用していることはよく知られている。例えば、アイドルグループTWICEのメンバーの出身地は韓国だけでなく、中国本土、台湾、日本など多様で、NiziUは全員日本人といった具合だ。

　こうしてみると、マーケティングでいう原産国効果の「原産国」にはさまざまなケースが考えられそうである。また、各国の法規制や個別企業のブランド戦略によって、実際の原産国標記もさまざまである。したがって、原産国効果とは、買い物するときに主に連想される国が消費者行動に与える影響を表す概念だと理解してよさそうだ。

　例えば、有名なアップル社のiPhoneには、原産国について「designed by Apple in California Assembled in China」（カリフォルニアのアップルがデザインし、中国で組立てられた）とプリントされていることは有名だ。ここでハナは、数日前に母と一緒に行った格安スーパーのレジ横で買ったハンドクリームのことを思い出した。ニュートロジーナというブランド名の下に「Norwegian Formula」（ノルウェー製法）と書いてあるが、帰宅してからパッケージの裏を見ると生産地はフランスとなっている。気になったので、スマホでブランド名を検索すると、親会社はなんと、あのアメリカのジョンソン＆ジョンソンだ。ハナは思った。この商品を目にしたとき、消費者はどの国を連想するだろうか？　そして、その連想は消

費者行動にどう影響するだろうか？

　そもそも国のイメージとは具体的にどのようなものだろうか？　ハナは調べ続けることにした。

◆ 国のイメージの構成要素

　国のイメージは大きくマクロとミクロの2種類に分けられる。

　まずマクロ・イメージとは、政治や社会、経済、歴史文化、自然景観や気候、人々の気質などを含む。政治や社会に関する外国のイメージは、メディアを通して形成されることが多い。アメリカを例にとってみると、大統領選挙を始めとする重大な政治イベントや銃乱射などの衝撃的な社会事件が発生すると、メディアの報道が増え、そこからアメリカの政治や社会的なイメージが形成されていく。経済に関するイメージは原産国効果に直結するもので、一般的に消費者は先進国からの製品やブランドに対して、よりポジティブなイメージを持つ傾向がある。また、歴史や文化も国のイメージ形成で重要である。文化の中でも、特にポップカルチャーの影響は多大で、短時間に国のイメージを大きく変えてしまうことさえある。その他には、教育システムや宗教、社会構造などがある。

　一方でミクロな国のイメージとは、特定の国や地域からの製品やサービス全般に対するイメージをさす。一般的には、品質や技術力、ファッション性など複数の側面から構成される。例えば、日本製品やドイツ製品は一般的に信頼性や頑丈性の点で優れたイメージを持っており、フランス製品やイタリア製品は洗練されたデザインやスタイルのよさで高く評価されている。マーケティング・消費者行動分野でいう原産国イメージとは、一般的にこのミクロな国のイメージをさすことが多い。この部でも、製品やサービスのイメージをさす場合は「原産国イメージ」、マクロ・イメージを含むより広い意味合いで使う場合は「国のイメージ」と表記する。

第11章

　これらのイメージの構成要素には、ポジティブな面とネガティブな面がある。例えば、経済が発達していて技術革新が進んでいるというのはポジティブなイメージであるが、経済発展が遅れていて製品の品質が悪いというのはネガティブなイメージである。

　では、こうした国のイメージはどういった仕組みで消費者行動に影響を及ぼすのだろうか？

◆ 原産国効果の仕組み

　国のイメージの影響は大きく分けて、認知的側面、感情的側面、規範的側面の３つがある。これら３つの側面は、互いに影響しながら消費者の意思決定を左右する。

　１つ目は認知的側面で、製品やサービス自体の評価に対する影響を指す。例えば、品質や信頼性などである。この場合、最も重要な国のイメージはその国の経済の発展度合いとなる。特に工業製品の場合、経済が発達した国の方が優れた技術力を持ち、デザインが洗練されていて、適切な品質管理を行っていると見られがちであるため、ここでは先進国の方が有利となる。また、スコットランドのウィスキー、ケニアのカカオ、イランの絨毯などのように、独自の自然や伝統文化の中における産業集積によるイメージが有利に働く場合もある。

　２つ目は感情的側面で、例えば、親近感やステータス感などを指す。感情的影響の１つに、特定の国に対する好き、あるいは嫌いといった感情がある。例えば、歴史問題や政治的な摩擦などにより、ある国や地域に対して強いネガティブな感情を抱く場合に、その地域発のブランドや製品を過度に低く評価したり、信頼しなくなったりする。反対に、文化や歴史、ライフスタイルへの憧れなどにより特定の国が好きになり、その国に関連する消費を積極的に行うこともよく見られる。冒頭で紹介したハナとタロウの会話が好例である。

　３つ目は規範的側面で、特定の国や地域からの製品やサービスに対する評価や購買行動に際して消費者が感じる心理的なプレッシャーを指す。世界中でよくみられる、自分の国の企業を応援しようという現象はまさにこの規範的側面の一例で、消費者自民族中心主義と呼ばれる。アメリカのトランプ前大統領が2016年の大統領選挙キャンペーンで掲げた "Buy American and Hire American." は有名である。また、特定の外国と軍事や外交問題などで激しい衝突が起きたときは、一部国民の間で不買運動が起こり、そこから周りの人々にもプレッシャーがかかることがある。

　ハナはここまで調べた内容をタロウと話し合った。２人とも、国のイメージは外国製品やサービスに対する消費者行動に影響を及ぼす存在であり、外国企業のマーケティング戦略で１つのキーワードだということで意見が一致した。しかし、まだ漠然としすぎてどのように自分たちの課題につながるか見えてこないため、もう少し調べる必要がありそうだ。

　例えば、原産国イメージの影響は、国や製品カテゴリーの間で異なるだろうか？さらに調べ続けているなかで、2人は原産国イメージと製品カテゴリーとの整合性の重要性に気付いた。

3　原産国イメージと製品イメージ

◆ 製品カテゴリーとの整合性

　上でみてきたように原産国のイメージには多様な構成要素があるが、すべての要素においてポジティブなイメージを持つ国はほとんどいない。この多面性と複雑性により、原産国イメージは製品カテゴリーによっては有利に働く場合もあれば、そうでない場合もある。つまり、製品カテゴリーとの整合性が問題なのである。

　例えば上述のように、フランスやイタリアはおしゃれでデザイン性が高いことで有名で、日本やドイツは技術力や精巧なモノづくりでよく知られている。しかしこれは裏を返せば、日本やドイツはファッション性やデザインなどでは比較的弱く、フランスやイタリアはおしゃれだが製品の品質自体はそれほど高くないイメージを持たれているとも言える。そのため、ファッション市場ではイタリアやフランスのイメージはポジティブに働くが、製造業では違うかもしれない。反対に、日本やドイツの製造業は高く評価されるが、ファッションやラグジュアリー市場においては存在感が薄い。このように、同じ国の企業でも、製品カテゴリーによって原産国イメージの恩恵を受ける場合もあれば、逆に不利益を被る場合もある。

　ただ、こうした原産国イメージは変わらないものではない。国の政策、個別の業界や企業の努力によって、新たなイメージが生み出されたり、新しい形で製品カテゴリーとの整合性が生まれたりすることもある。ここで、タロウは以前ビジネス誌で読んだ台湾のウィスキー・メーカーのことを思い出した。伝統的にウィスキーの産地はスコットランドをはじめとしたヨーロッパの国々が有名で、近年は日本のウィスキーが諸外国で高い評価を得つつあるが、最近、台湾のウィスキー・メーカーがそれまでなかった熱帯気候の産地として熱い注目を浴びているという（Column11-1を参照）。

　ハナとタロウは原産国イメージの変化についてもう少し調べる必要がありそうだ

第11章

と思った。

◆ 原産国イメージと製品イメージの相互作用

　企業やブランドのイメージが変わるのと同じく、原産国イメージも変わることがある。実際に1960年代、日本製品が海外市場に進出し始めた頃は粗悪品として先進国の消費者から敬遠されていたが、その後、品質改善と積極的なコミュニケーションを重ねて、1980年代ごろには品質と技術力が優れており、コストパフォーマンスも高いといったポジティブなイメージを獲得するまで至ったのである。

　原産国イメージと製品のイメージが影響し合うプロセスは**図11 - 1**の通り、ハロー効果（ハロー（halo）とは英語で「後光」という意味）とサマリー効果（サマリー（summary）とは英語で「要約」という意味）にまとめられる（Han, 1989）。

　ハロー効果とは、原産国イメージが製品のイメージに波及し、その評価や購買行動に影響を及ぼすことを指す。市場であまり知られていない製品やブランドだったり、選択肢が多すぎて迷ってしまうときに、原産国イメージは消費者にとって重要な手掛かりになる。ある特定の製品カテゴリーでよく知られている国からの企業だが、自社の知名度が低い場合は、原産地情報を積極的に開示することによって、消費者からより選ばれやすくなるのである。例えば技術力や精巧なモノづくりでよく知られている日本の無名企業の製品は、品質が高いかも、と評価されるかもしれな

【図11 - 1　原産国イメージと製品イメージの循環モデル】

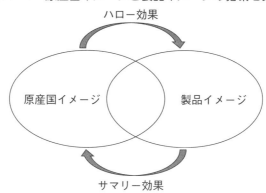

出所：Han（1989）を基に筆者作成

い。

　一方でサマリー効果とは、消費者が日常で接する特定の国や地域からの製品や
サービスから共通の特徴を抽出し、それらが原産国イメージを形成していくことを
指す。例えば、家族や友人の中に複数の日本車オーナーがいて、車の燃費が良くコ
スパが高いという情報が多くなれば、それらが日本車の特徴としてイメージ形成さ
れるのである。こうして、個別の製品やブランドのイメージから、日本の国全体の
原産国イメージが出来上がっていく。

　ここで2人は、ふと思いついた。自分たちのように、外国文化コンテンツへの接
触も国のイメージを変える大きな要素となるのではないだろうか？　つまり、文化
の力である。

◆ 異文化受容と国のイメージ

　グローバル化の進行とインターネットの普及に伴い、今日の消費者は常にさまざ
まな国や地域の文化に触れられる。こうした異文化への接触と受け入れは、特定の
国に対するイメージを形成したり変えたりする。

　韓国ドラマや音楽に慣れ親しんできたハナと母親にとって、韓国はおしゃれで、
創造性に富んでいて、製品もサービスもクオリティが高く、美味しい食べ物がたく
さんある国である。同じように、アメリカのポップカルチャーが好きなタロウに
とって、アメリカは多様性と活力に溢れていて、オープンでイノベーティブな、他
にはない魅力を持つ国である。

第11章

　こうした国のイメージは、消費者の価値観やライフスタイル、ブランドへの態度
や行動に至るまで幅広い影響を及ぼす。ハナは韓国のスナック菓子をよく食べ、化
粧品や洋服なども積極的に買うようになったし、母親はいろいろな韓国食材を買っ
て料理を作ったり、韓国雑貨を買ったりしている。タロウもファッションや部屋の
インテリアをアメリカン・スタイルに寄せたり、休暇にはアメリカを訪れたりして
いる。

　異文化受容行動は、一般的に、年齢や教育レベル、収入などによって異なると言
われている。若い方が、教育レベルが高い方が、異なる文化に対して関心を持ち受
け入れやすい。また、海外旅行や居住経験も重要で、これらの要素が異文化受容を
促すことは想像しやすいだろう。

Column11-1

台湾産ウィスキー「カバラン」

　近年、彗星のごとく、新しいウィスキー産地として、突如として国際舞台に現れたのが台湾である。伝統的にウィスキーは寒暖の差が激しい寒冷地で生産されるのが常識で、亜熱帯気候の地域は産地として適していないと見られてきた。この不利な条件を逆手に取って、一躍有名になったのが台湾のカバラン（KAVALAN）ウィスキーである。手がけているのは台湾の飲料業界の大手企業の金車グループである（日経ビジネス，2019）。

　金車グループは、ウィスキー市場への参入を決定して以来、スコットランドや日本から生産技術を学び、亜熱帯地域で高品質なウィスキーを製造する業界初の技術を生み出した。さらに、気温が高いと熟成が早く進むといった特性を利用したことで生産性が飛躍的に高まり、通常なら15～20年かかる製造期間を大幅に短縮させることができた。こうしたイノベーションのおかげで、独特の香りと味わいのある高級ウィスキーを世の中に送り出すことができたのだ。

　カバランは、世界初の亜熱帯生まれのウィスキーとして、南国フルーツのような香りと深いコクを武器に、生産開始わずか2年後の2010年に国際品評会で堂々と1位に輝き、世界に衝撃を与えた。それ以来、世界で300以上の金賞を受賞しており、名実ともにウィスキー業界の新星と評されている。規模拡大も積極的に図り、生産開始後10年強で生産能力は世界のトップ10に入るまでに急成長している。

　このように、それまでの国や地域のイメージと裏返しで、イノベーションにより高品質の商品を世に送り出すと、その意外性や驚きから市場により大きいインパクトを与えることがある。カバランの成功により、亜熱帯気候の中で上質なウィスキーを醸造する可能性が見せられたことで、今後は他の似たような気候の地域から新しい生産者が現れるかもしれない。

◆ 原産国イメージとマーケティング戦略

　ここまで国のイメージに関する理論を学んだことで、ハナとタロウはマーケターとして、原産国イメージがその国の製品やブランドに関する消費者行動に大きく影響することに改めて気づいた。

　では、この理論を企業のマーケティング戦略にどう応用すべきだろうか？　原産

Column11－2

中国の雑貨チェーン「名創優品」

　名創優品（MINISO）は、2013年に葉国富と三宅順也が合同設立した小売企業で、当初グローバル本社が東京都中央区銀座にあった雑貨チェーンである。同社は、ロゴはユニクロに、店舗の雰囲気は無印良品に、品揃えと価格帯はダイソーに似るという奇妙な形態から、創業当初から常に国内外から懐疑と非難の目を向けられていた。

　「シンプルでナチュラル、質感のあるライフスタイル」をコンセプトに、良質でデザイン性に富んだ商品をグローバル消費者に安く提供することを企業使命としている。商品構成は、生活雑貨、美容健康、アクセサリー、食品・飲料、玩具など。「日本発のファストファッション・デザイン」、「100％日本品質」を謳っているが、もちろん8割〜9割は中国製である。商品パッケージによく日本語が併記されることがあるが、創業当初多かった不自然な日本語表記問題は、近年大幅に改善されている。

　同社は、創業直後から驚異的なスピードで成長し続け、中国の小売業界の奇跡といわれている。2015年から海外進出も始め、2020年末現在、80以上の国や地域―東南アジア、南西アジア、オセアニア、中東、北米、アフリカなどで4000以上の店舗を展開している。2020年9月にニューヨークの株式市場に上場申請書を提出し、10月に正式に上場を果たしている。

　なお、事業の成長に伴い、日本色は徐々に薄れており、上場申請書から日本発を示唆する記載は今や見られない。2020年からはマーベルとパートナーシップを結び、関連グッズに力を入れている。また、人気の韓国のキャラクターとコラボしたぬいぐるみを多数取り扱っており、東南アジア市場では韓国企業だと思われることもあるそうだ。まさに、いろんな国のイメージを積極的に活用したマーケティング戦略を実践している企業の一例である。

国イメージと製品カテゴリーの整合性の理論に基づくと、製品カテゴリーとマッチしたポジティブなイメージを持たれている場合は、もちろん積極的にプロモーションに活用すべきである。しかし、製品カテゴリーとマッチしない、もしくは望ましくない原産国イメージの場合はどうすれば良いだろうか？　もし、本国や他の海外市場ですでに強い製品イメージを形成している場合は、そちらの成功体験を積極的にコミュニケーションしていく戦略が考えられる。

　一方で、国のイメージも製品イメージも望ましくない、あるいは強くない場合はどうすべきか。第11〜第13章のColumnで紹介しているように、いくつかのやり方が考えられる（Jaffe and Nebenzahl, 2006）。

①　弱い原産国イメージを逆手にとって、意外性を訴えて目をひく。これは技術の蓄積やイノベーションなどにより、高い品質を実現した場合に特に有効である（Column11 − 1）。

②　原産国イメージを分解し、そこから有利な要素を抽出して強調する。つまり、自社にとって強みとなりうるイメージ要素を発掘し、それを中心にしてコミュニケーションする方法である。素材、伝統文化や技法、現地の気候条件などさまざまな要素が考えられる（Column12 − 2）。

③　製造や組立地、もしくは原材料の産地などで複数の国や地域がかかわっている場合、その中で特に望ましいイメージを持たれている国を強調する（Column11 − 2）。

④　全く関係のない第三国のイメージを意図的に植え付ける。製造や流通段階のいずれにもかかわっていない第三国を意図的に連想させるマーケティング戦略をさす。これも実際のマーケティングでよく見られる方法である（Column13 − 2）。

4 おわりに

　本章では、ハナとタロウとともにマーケティング・消費者行動論における国のイメージに関する理論を中心に学んできた。国のイメージは、消費者のライフスタイルや購買行動に幅広い影響を及ぼす重要な概念である。国によってさまざまなイメージがあるし、ポジティブな場合とネガティブな場合がある。また、ポジティブなイメージでも、製品カテゴリーとマッチしなければならない。

　こうした国のイメージが消費者行動に与える影響の仕組みや変化のプロセスを理解することは国際マーケティングに関わるマーケターにとって欠かせないだろう。本章では理論を中心にみてきたが、実際の国のイメージの現状はどうなっているだろうか、2人は気になった。次の章では二次データを用いて国のイメージおよびそれを取り巻く市場の現状についてみてみよう。

❓考えてみよう

① 日本で好感度が高い国を調べてみよう。なぜ好感度が高いのか、具体的にどのような国のイメージが持たれているのだろうか？

② 一般的な原産国イメージと実際の原産国が異なる事例を調べてみよう。実際に、スーパーや家電量販店に足を運んで観察すると良い。

③ アメリカと韓国について、どのような原産国イメージが持たれているか、自分の周りに簡単なインタビューをしてみよう。いろいろな人からの意見を集めて、多様な製品カテゴリーについて調べてみよう。

主要参考文献

Jaffe, Eugene D. and Nebenzahl, Israel D.（2006）*National Image & Competitive Advantage: The Theory and Practice of Place Branding*, Copenhagen Business School Press.

Han, C. M.（1989）. Country image: halo or summary construct?. *Journal of marketing research*, 26（2）, 222 - 229.

Ichijo, Atsuko and Ranta, Ronald.（2016）*Food, National Identity and Nationalism: From Everyday to Global Politics*, Palgrave Macmillan.

日経ビジネス｜経営教室　反骨のリーダー　シリーズ９：No.1　金車グループ（台湾）李玉鼎総経理の逆転の「勝算６割」経営」『日経ビジネス』2019年８月19日号。

次に読んで欲しい本

第11章

☆国イメージの考え方およびグローバル社会での重要性について、詳しく学ぶには。

　ジョセフ・S・ナイ『ソフトパワー：21世紀国際政治を制する見えざる力』（山岡洋一訳）日本経済新聞出版、2004年。

☆原産国イメージをめぐるビジネスの実態について、詳しく学ぶには。

　ダナ・トーマス『堕落する高級ブランド』（実川元子訳）講談社、2009年。

第 **12** 章

二次データを使った国のイメージ

第1章
第2章
第3章
第4章
第5章
第6章
第7章
第8章
第9章
第10章
第11章
第12章
第13章
第14章
第15章

1　はじめに

　第11章ではマーケティングの理論から原産国効果についてみてきた。この原産国効果は、消費者の態度や行動に幅広い影響を及ぼす重要な概念であり、マーケティング戦略の立案の際に役に立つ。

　ハナとタロウは、まず国のイメージの現状を把握しなければならないと思った。アメリカと韓国は日本でどのようなイメージを持たれているだろうか。そのイメージは、製品カテゴリーや消費者セグメントによって異なるだろうか。また、両国からの文化受容はどのような現状だろうか。これらの疑問の下で、2人は二次データを整理することで、国のイメージの現状を実際に見た上で、米韓両国からの流行文化の受け入れと製品の輸入の状況について調べることにした。

2　国のイメージの現状

◆ 国のイメージを指標化する：Anholt Ipsos Nation Brands Index

　タロウは調べているうちにAnholt Ipsos Nation Brands Index（NBI）という国ブランド・ランキングにたどり着いた。NBIは世界で実施した調査に基づいて国のイメージを指標化し、ランキングしている。同ランキング提唱者のサイモン・アンホルト（Simon Anholt）は、ブランドが企業にとって重要なのと同様、国にとっても極めて重要であり、優れた国ブランドはその国の評判を高め企業や産業の外国市場進出を後押しするだけでなく、インバウンドの促進、投資の誘致などにもつながると指摘している。

　具体的にどのような指標なのか、詳細を見てみよう。NBIは、3つのハードパワー、(1)輸出、(2)ガバナンス、(3)移民/投資と、3つのソフトパワー、(4)文化/遺産、(5)人、(6)観光の計6つの側面から国のイメージを測っている。2021年の調査では、20ヶ国の60,000人（18歳以上）が参加し、世界の延べ60ヶ国について、それぞれのイメージを回答している。

　NBIの報告書を公表しているIPSOS社のウェブサイトから2018年〜2021年の
ランキングをまとめると**表12‐1**の通りになる。ドイツは2017年から連続5年間
1位を占めており、輸出、ガバナンス、移民/投資、文化/遺産などほとんどの分野
の指標で高い点数を得ている。また、グローバル消費者はドイツ製品の購買に特に
積極的であり、ドイツは高い原産国効果を有するようである。

　トップ10位は主要先進国によって占められ、個別の国の順位は年によって多少
変わるものの、同じ顔ぶれが見られる。なお、11〜20位には西ヨーロッパおよび
北欧の国々、そしてニュージーランドなどがランクインしている。国ごとのイメー
ジを見てみると、スイスは最も信頼できる国、ニュージーランドは最も人々が親切
で幸せな国、日本は最もクリエイティブな国、ブラジルとスペインは最も楽しい国、
ドイツは最も強い国と評価されていることがわかった。なお、原産国効果が最も高
い国はドイツ、アメリカと日本で、グローバル消費者はこれらの国からの商品を積
極的に買いたいと思っているようである。

【表12‐1　NBIランキング】

国	2018年	2019年	2020年	2021年
ドイツ	1	1	1	1
カナダ	5	3	3	2
日本	2	5	4	3
イタリア	6	7	6	4
イギリス	3	4	2	5
フランス	4	2	5	6
スイス	8	8	7	7
アメリカ	6	6	10	8
スウェーデン	9	9	8	9
オーストラリア	9	10	9	10

出所：Ipsos社ウェブサイト（https://www.ipsos.com/en）の公表データにより筆者作成。

第12章

◆ 国のイメージを指標化する：Future Brand Country Index

　一方でハナは、FutureBrand Country Index（FCI）という指標に目が止まっ
た。国のランキングについては、世界のさまざまな組織から発表されているようで
ある。

　こちらのランキングでは、日本が2014年から１位を誇っている。他の上位国の顔ぶれをみると、欧米先進国が大半だが、韓国と中東（UAE、カタール）が上位20位以内にランクインしている。アジア・パシフィック地域だけのランキングでは、日本、ニュージーランド、オーストラリア、シンガポール、韓国がTop５に入っている。

　NBIの上位国がすべて日米欧先進国によって占められているのに対して、FCIには韓国と中東の国が入ったり、日本が１位をキープしていたりと、両指標間で異なる点が見つかった。ハナとタロウはなぜこのような違いが生まれているかが気になった。そこで調査方法の詳細を見てみると、FCIは世界のインフルエンサー2,500人に対する定性調査および定量調査に基づくとしている。ここでいうインフルエンサーとは、企業の経営責任者、公務員およびその他高度な専門職などを指すもので、さらに直近２年間で世界中を旅し、評価対象国を訪れたことがある、もしくはよく知っていることが前提となっている。調査対象者も具体的な調査方法も、NBIとは全く異なるのである。

　こうしてみると、国のイメージの測定にはさまざまな方法があり、それらによって結果が異なってくることがわかった。したがって、１つの指標を鵜呑みにするのではなく、測定方法もきちんと把握した上で結果の解釈や実務への活かし方について考えないといけない。

　国のイメージの指標を調べることができた。では各国は具体的にどのようなイメージを持たれているだろうか。ハナとタロウはまず、日本のイメージを調べて、それからアメリカと韓国について見てみることにした。

◆ 世界から見た日本のイメージ

　日本のイメージに関するデータを調べると、こちらもさまざまな組織や調査機関によって行われていることがわかり、どれを見れば良いか迷うほどであった。そこで２人は、外務省が実施している海外における対日世論調査に注目することにした。この調査は毎年行われているが、実施国や内容はその都度多少の調整が行われているようである。アメリカおよびASEANに例にして、データを眺めてみよう。

　表12－２と表12－３からわかるように、日本はいずれからも全体的にポジティブなイメージを持たれ続けていることがわかる。個別の項目をみると、日本のイメージは両地域間で少し異なっている。

170

【表12‐2　アメリカにおける日本のイメージ（%）】

	2016年	2017年	2018年	2019年
豊かな伝統と文化を持つ国	95	71	59	63
経済力・技術力の高い国	87	61	49	55
自然の美しい国	84	58	51	54
アニメ、ファッション、料理など新しい文化を発信する国	79	47	35	41
生活水準の高い国	75	39	30	38
戦後一貫して平和国家の道を歩んできた国	82	34	26	31
国際社会においてリーダーシップを発揮する国	59	30	20	27
民主主義、自由主義など米国と価値観を共有する国	60	19	16	18
理解が難しい国	35	14	11	14
保守的で閉鎖的な国	49	15	11	14
軍事的な国	28	6	8	8
警戒を要する国	21	6	5	7

注：数値は各項目で「はい」と答えた回答者の割合を示す。
出所：外務省「海外における対日世論調査」
　　　（https://www.mofa.go.jp/mofaj/gaiko/culture/pr/yoron.html）より筆者作成。

　アメリカの人々から見て、日本の最大のイメージは「豊かな伝統と文化を持つ国」で、その次に「経済力・技術力の高い国」と「自然の美しい国」がきている。一方、ASEANから見た日本はまず、「経済力・技術力が高い国」であり、その次に「豊かな伝統と文化を持つ国」と「自然の美しい国」が同率2位となっており、アメリカとちょうど1位と2位が入れ替わっている。「アニメ、ファッション、料理など新しい文化を発信する国」は5位となっている（アメリカは4位）。一方で、政治体制や外交姿勢などのイメージは比較的弱く、日本のイメージは経済、文化、自然などの側面が強いと見られる。

　また、国や地域間で持たれているイメージが異なる部分もあれば、共通する部分もありそうである。先進国からは、文化や自然のイメージがより強く、発展途上国からは経済方面のイメージが強いように思える。いずれにしても、日本は全体的にポジティブなイメージを持たれているようで、2人は少しうれしい気分になった。

第12章

【表12‐3　ASEANにおける日本のイメージ（%）】

	2015年	2016年	2017年	2019年
経済力・技術力の高い国	64	61	66	68
豊かな伝統と文化を持つ国	53	56	52	55
自然の美しい国	44	51	46	55
生活水準の高い国	46	48	46	54
アニメ、ファッション、料理など新しい文化を発信する国	37	40	38	39
国際社会においてリーダーシップを有する国	27	33	31	26
戦後一貫して平和国家の道を歩んできた国	27	32	28	23
民主主義、自由主義といった価値観を有する国	28	30	31	23
警戒を要する国		26	21	15
保守的で閉鎖的な国		21	17	11
理解が難しい国		13	11	8
軍事的な国		14	10	5

注：数値は各項目で「はい」と答えた回答者の割合を示す。
出所：外務省「海外における対日世論調査」
　　　（https://www.mofa.go.jp/mofaj/gaiko/culture/pr/yoron.html）より筆者作成。

　2人はそれぞれの問題意識に沿って、アメリカと韓国の2ヶ国が日本でどのようなイメージを持たれているか、さらに二次データを集めていった。

◆ 日本におけるアメリカのイメージ

　アメリカのイメージについて、タロウはアメリカの有名な調査機関であるピュー・リサーチ・センター（Pew Research Center）のデータを調べてみた。同社は、政治や経済、気候変動、宗教、ジェンダーなどの幅広いテーマについて世界範囲で調査することで知られている。
　まずどのような調査方法を用いているかを見てみよう。ピュー・リサーチ・センターのアメリカのイメージに関する調査は、国の外交や軍事政策、社会と価値観、流行文化など多方面をカバーしている。ただ、調査を実施する国や具体的な調査項目は一貫しておらず、調査時点での状況に応じて度々調整が加えられることがある

ようである。おおまかなアメリカのイメージをつかむためには一定の参考価値があるだろうと判断した。

　諸外国のデータを眺めてみると、アメリカという国に対する全体的な評価は、世界範囲で比較的安定しており、概ねポジティブな受け止め方が多いようであった。アメリカの人々に対しても一貫して肯定的な回答が多いが、一方で、アメリカの外交や軍事政策、アメリカの考え方や風習の自国に広がることについては、評価が上下している。調査時点における世界情勢や国間の関係が影響するものと見られる。

　日本のデータにフォーカスして見ると、アメリカという国およびアメリカ人に対して、そしてアメリカの考えや風習が国内に広がることに対して、いずれも前向きな態度が見られた（**表12-4**）。全体的に見て、日本は諸外国に比べてもアメリカに対して大変好意的であり、世界屈指の親米国の1つといって良いだろう。

【表12-4　世界各国のアメリカへの好感度の推移】

	2017年	2018年	2019年	2020年
カナダ	43%	39%	51%	35%
ドイツ	35%	30%	39%	26%
イギリス	50%	50%	57%	41%
イタリア	61%	52%	62%	45%
フランス	46%	38%	48%	31%
日本	57%	67%	68%	41%
韓国	75%	80%	77%	59%

注：「アメリカが好きですか」という問いに対して「はい」と答えた割合を示す。
出所：ピュー・リサーチ・センターウェブサイト（https://www.pewresearch.org/）の
　　　公表データにより筆者作成。

第12章

◆ 日韓両国のイメージ

　ハナは、日本の韓国へのイメージを調べていく中で、言論NPOという非営利団体の報告書を見つけた。言論NPOは韓国のシンクタンク東アジア研究院（East Asia Institute；EAI）と共同で、2013年から世論調査を実施しており、2021年までに計9回の調査結果を公表している。

　図12-1で見られる通り、日本と韓国はともに、相手国に対して良くない印象を持つ割合が、良い印象を持つ割合を大幅に超えている。日本の対韓世論にフォー

カスすると、実施年度によって振れ幅があるものの、おおよそ40〜50％の回答者が韓国に対して良くない印象を持っているようである。良い印象を持っている回答者の割合は、2013年の初回を除けば、毎年20％台に止まっている。

【図12‐1　日韓両国の相手国に対する印象】

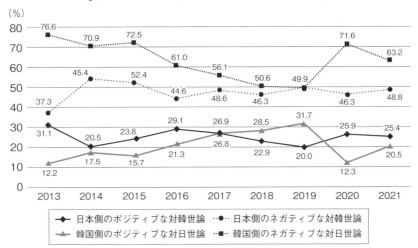

出所：言論NPOウェブサイト（https://www.genron-npo.net/）の公表データより筆者作成。

　2021年のデータによると、日本人の良くない対韓感情の理由で最も多いのが、「歴史問題などで日本を批判し続けるから」（45％）と「現在の韓国政府の行動に違和感を覚えるから」（38％）といった歴史や政治と関連するものとなっている。一方で、良い対韓感情の理由は、「Kポップやドラマなどの韓国のポップカルチャーに関心があるから」（54％）、「韓国の食文化や買い物が魅力的だから」（49％）となっており、韓国の文化に対する受け入れが進むことによりポジティブな対韓感情が形成されている様子がわかった。一方、韓国人の対日世論をみると、良くない対日感情の理由は歴史・領土問題および政治家の言動に関するもので、良い対日感情の理由は「日本人は誠実で親切だから」（52％）と「生活レベルの高い先進国だから」（44％）となっており、日本の人々やライフスタイルのイメージが貢献しているようである。
　このように、米韓両国のイメージに関する二次データを見ると、アメリカに関してはタロウの周りから得た実感とあまり変わらなく、日本人は全般的にアメリカを

好意的に捉えていることは間違いなさそうである。一方で、韓国に関しては歴史や政治的な摩擦によりネガティブなイメージが多いなか、ポップカルチャーや食文化を好意的に捉えている一部の人々からはポジティブなイメージが持たれていることが分った。ハナの母親や友人たちはまさにこの層に属しており、近年進んでいる韓国の文化コンテンツの受け入れの影響が大きいと思われた。

　次節では、米韓両国からの文化の受け入れと製品輸入の現状について、2人と一緒にみてみよう。

3 日本における米韓文化の受容と製品輸入

◆ 米韓流行文化の受容の現状

　アメリカの流行文化は日本でどう思われているだろうか。タロウはアメリカの文化的コンテンツの代表である、ハリウッド映画がどの程度受け入れられているかを調べるため、毎年公表されている日本の映画興行成績を確認してみることにした。2000年以降の興行成績Top10の中の外国の映画をまとめたら**表12-5**のようになった。外国映画の割合は年度によって異なるが、圧倒的にアメリカの映画が多いことがわかる。やはりアメリカの流行文化は日本の消費者の日常に広くかつ深く浸透しているといって良いだろう。

　一方で、ハナの周りでは新型コロナウイルスの感染拡大で韓国のドラマや映画にハマり出した人が増えたように感じた。リモートワークやオンライン学習に伴って在宅時間が大幅に増えたことで、インターネット上のコンテンツ視聴が増えたことが影響しているだろう。特に、ネットフリックスやU-NEXTなどのサブスクリプション型のサービスの利用が非常に多い。そこでハナは、ネットフリックスの年間視聴ランキングを調べてみた。2019年と2020年のデータをみると予想通り、2020年に韓国コンテンツが大きく躍進していることがわかった（**表12-6**）。

第12章

【表12-5　日本映画興行成績Top10における外国映画の本数】

年	外国映画本数（国）	年	外国映画本数（国）
2000	6（米）	2011	4（米）
2001	8（米）	2012	3（米）
2002	9（米）	2013	3（米）
2003	7（米），1（中）	2014	3（米）
2004	6（米）	2015	6（米）
2005	6（米）	2016	5（米）
2006	5（米）	2017	8（米）
2007	6（米）	2018	7（米）
2008	2（米），1（中）	2019	6（米）
2009	4（米），1（中）	2020	1（米），1（韓）
2010	4（米）	2021	―

出所：一般社団法人日本映画制作者連盟の公表資料により筆者作成。

【表12-6　ネットフリックス（日本）での年間視聴トップ10位】

順位	2019年			2020年		
	作品名	製作国	分類	作品名	製作国	分類
1	全裸監督	日本	ドラマ	愛の不時着	韓国	ドラマ
2	テラスハウス Tokyo2019-2020	日本	テレビ番組	梨泰院クラス	韓国	ドラマ
3	6アンダーグラウンド	日本	アニメ映画	テラスハウス： Tokyo2019-2020	日本	テレビ番組
4	銀魂2　掟は破るためにこそある	日本	アニメ映画	ハイキュー!!	日本	アニメ
5	リラックマとカオルさん	日本	アニメ	炎炎ノ消防隊	日本	アニメ
6	ULTRAMAN	日本	アニメ	サイコだけど大丈夫	韓国	ドラマ
7	娼年	日本	映画	ARASHI's Diary - Voyage -	日本	ドキュメンタリー
8	新世紀エヴァンゲリオン	日本	アニメ	青春の記録	韓国	ドラマ
9	ウィッチャー	アメリカ	ドラマ	キム秘書はいったい、なぜ？	韓国	ドラマ
10	アクアマン	アメリカ	映画	痛いのは嫌なので防御力に極振りしたいと思います	日本	アニメ

出所：ネットフリックスの公表データにより筆者作成。

　こうしてみると、米韓両国の流行文化はともに、日本でかなり受け入れが進んでいるといってよさそうである。しかし、国のイメージに関するデータと合わせてみると、アメリカの流行文化は幅広い世代に受け入れられ、全般的にポジティブな国のイメージが形成されているのに対して、韓国の方は全体としてはネガティブなイメージが強いものの、一部の消費者層で文化コンテンツの受け入れが進んでいるようだ。

　では実際に、両国からの製品の輸入はどうなっているのだろうか。貿易データを使って、タロウはアメリカからの冷凍食品輸入について、ハナは韓国からの化粧品輸入について調べてみることにした。日本の対外貿易の詳細なデータは、財務省の貿易統計（https://www.customs.go.jp/toukei/info/）から得られる。また、個々の産業では業界団体が独自でデータを集めたり、貿易統計のデータに基づいた集計結果を公表したりしているので、そちらもチェックする必要がある。

◆ アメリカからの冷凍食品の輸入状況

　財務省の貿易統計によると、輸入総額で、日本への輸入先国において2001年まではアメリカが１位であったが、2002年以降は中国にトップの座を譲り、それ以降は２位となっている。両者間の差はその後さらに広がり、2018年現在、中国からの輸入額はアメリカの２倍以上に膨れ上がっている。品目別では食料品の輸入額が全体の１割弱を占めているが、アメリカからの輸入食料品は肉類（牛肉、豚肉、水産物など）と穀物類（トウモロコシ、小麦、大豆など）が最も多い。特に穀物類では、アメリカのシェアが全体の５割〜８割を占めており、圧倒的に高いことがわかった。

　では、冷凍食品だけに注目するとどうだろうか。タロウは、一般社団法人日本冷凍食品協会のウェブサイトで関連データを見つけた（https://www.reishokukyo.or.jp/statistic/precooked-import/）。2019年と2020年の輸入の量だけをみると、最も多いのは中国で、その次がタイである。しかし、金額ベースでは両国の順位は入れ替わっている。その他の国としては、ベトナム、インドネシアのほか、アメリカ、韓国、カナダ、ニュージーランドなどがあるが、これらの国々は量、金額ともに少ない。結論として、アメリカからの冷凍食品の日本への輸入は非常に少なく、日本市場であまり知られていないのが現状のようである。

　一方でアメリカ市場では近年、冷凍食品の消費が急増している。その背景には女性の社会進出に伴う共働き世帯の増加や、男女の性役割の変化による男性の家事参加率の向上などが指摘されている。冷凍食品ブームをけん引しているといわれるミレニアル世代（1981年〜1996年生まれ）は健康意識が高く従来なら冷凍食品を敬遠しがちなはずだが、製造技術のイノベーションによって、より健康的でおいしい冷凍食品の製造が可能になったことで市場の拡大につながったとみられる。いまはアメリカの大手食品各社がこぞってこの市場に力を入れており、冷凍食品は食料品業界の新たな成長市場と呼ばれている（高島、2014）。

　日本においても似たような社会的変化が起きており、冷凍食品の需要は、近年、急速に増加中である。そのためアメリカの冷凍食品メーカーにとっても、潜在的に魅力のある市場のように思われている。しかし、上のデータでみた通り、アメリカの冷凍食品は現在日本にほとんど輸入されておらず、消費者の中で認知されていないのは大きな壁であるとタロウは思った。

◆ 韓国からの化粧品の輸入状況

　ハナは、貿易データを調べるまでは、日本の化粧品産業は世界的にみて競争力がある方だと漠然と思っていた。しかしデータを調べてみると、意外なことに、日本の化粧品産業は長く輸入が輸出を上回る、いわゆる貿易赤字の状態が続いていたのである。黒字転換を果たしたのは2016年からで、その後、輸出がさらに伸び続け、2020年現在、輸出額は輸入額の約2.5倍にまで膨れ上がっている。主な要因はアジア市場の急伸にあり、中国、韓国、シンガポールなどへの輸出が増えている。特に中国市場の成長は著しく、2015年ごろから中国本土および香港向けの輸出が急増しており、2020年の輸出額の5割以上がこの地域に向けられていることがわかった。

　輸入だけに目を向けてみてみよう。財務省の貿易統計の化粧品カテゴリーには香水類、メーキャップ類、頭髪用品などが含まれている。全体の輸入額では長年フランスとアメリカがトップ2を走り続けていたが、2010年前後からタイと韓国からの輸入が急伸している。しかし、品目ごとにおもな輸入先国が異なってくるようである。具体的にいうと、香水類では、一貫してフランス、イタリア、アメリカが主要な輸入先国である。しかし、シャンプーなどの頭髪用品はアジア地域からの輸入が多く、その典型例がタイであり、2000年以降同国からの頭髪用品輸入が突出し

て高くなっている。一方で、メーキャップに関しては、韓国からのメーキャップの輸入が2015年以降急増していることがわかった。2018年にアメリカを抜いて2位に躍り出た後も伸び続け、2020年の輸入額はトップのフランスが急減したこともあり、その差は10億円にまで縮まっている（図12−2）。

　こうした貿易統計のデータは、ハナの周りの状況とも感覚的に合っている。ハナの友人たちの間では韓国化粧品のブームは実際に起きているし、化粧品だけでなく韓国のファッションや食べ物への関心も高まったように思える。これらの動きはこれまで見てきた韓国の文化コンテンツの受け入れと関係がありそうだ。

　一方で、アメリカは戦後長期にわたって、政治的にも経済的にも日本と最も結びつきが強い国であり、その流行文化も幅広い世代から根強い支持を得られている。しかし、貿易データからもわかるように、アメリカからの食料品の輸入は穀物や肉類が多く、食品メーカーやブランドについては日本であまり知られていない。日本

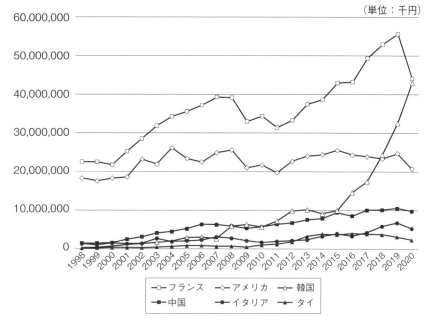

【図12−2　メーキャップの主な輸入先国】

注：数値は、美容用、メーキャップ用または皮膚の手入れ用の調製品（日焼止め用または日焼け用の調製品を含むものとし、医薬品を除く）およびマニキュア用またはペディキュア用の調製品（品目番号33.04）のみ。
出所：財務省貿易統計より筆者作成。

Column12 - 1

国のマーケティング

　国のマーケティングで最も有名な事例の1つが、英国政府が1980年代末から1990年代末にかけて実施した「クール・ブリタニア（Cool Britannia）」である。関係省庁、民間研究機関、およびさまざまな業界の専門家による徹底的な議論に基づいた同プロジェクトは、それまでの古いイメージから脱却し、クールでモダンな新しい英国のイメージを世界中に発信することに成功した。この取り組みはその後、他の国にも影響を与え、日本政府も2010年ごろから「クール・ジャパン戦略」を打ち出した。

　そして、文化的コンテンツを通した国のマーケティングでは韓国が有名だ。韓国政府は1998年から、コンテンツ産業を基幹産業の1つとして位置づけ、同産業の育成と海外への輸出支援を積極的に推進してきた。そのおかげで、2000年以降、韓国のコンテンツ産業は急成長を遂げ、グローバル市場で急速に存在感を高めていった。特に2010年代後半は韓国コンテンツの人気はアジアだけでなく、欧米にも広がり、世界的な現象となっている。こうした流れの中で、韓国の国のイメージが大幅に改善しただけでなく、韓国製品のイメージ向上とインバウンド促進にもつながった。

　文化的コンテンツだけでなく、食材（塩やスパイスなど）や食文化も古くから両国間の経済・文化交流の重要なツールであった。近年、食を通した国イメージの向上に成功した事例としてタイの「グローバル・タイ（Global Thai）」がある。外国でタイ料理の受け入れ土壌がある現状に着目したタイ政府は、タイ料理のさらなる認知度向上と普及を通して、文化外交の推進とともに、インバウンドと輸出促進を図ろうとした。この取り組みにより、タイの農産品と加工食品の輸出は急成長を遂げることができ、その後マレーシア、韓国、台湾なども積極的に食を通した国のマーケティング活動に取り組んでいる。

の消費者はアメリカの食品ブランドについてどのように思っているだろうか。流行文化の受け入れは、アメリカの食品に対する日本の消費者の態度や行動に影響を与えているだろうか。

　2人は、今度はデータ分析を通して、米韓からの製品に対する消費者行動について考察してみようと思った。

┌─ **Column12 - 2** ─────────────────────────────

SDGsにいち早く取り組んできた「マザーハウス」

　マザーハウス（https://www.mother-house.jp/）は、「途上国から世界に通用するブランドをつくる」というビジョンの下で、バングラデシュでジュート（麻の一種）のバッグをつくることから始まった。創業者の山口絵里子は、大学卒業後、アメリカの銀行でのインターンを経て、途上国援助の理想的な形を求めて単身でバングラデシュに渡る。そこで同国が世界の輸出量で9割を占めており、環境にもやさしいジュートに出会う。現地の伝統的な産業として優れた職人も集まっていることからもビジネスの可能性を見出した同氏は、その後、幾多の困難を克服しながら現地工場を設立し、2007年から日本での販売を始めた。途上国から生まれた高品質な同社の製品は、優れた会社理念とともに市場で大きな反響を呼び、その後順調に事業拡大している。

　2021年現在、6つの途上国の工場から高品質なファッションや雑貨の企画生産を手掛けている。バングラデシュからのバッグ以外にも、インドからアパレル、ネパールからストール、およびインドネシア、スリランカ、ミャンマーからジュエリーを消費者の手元に届けている。海外市場の開拓も積極的に行っており、中国香港、台湾、シンガポール、フランスに店舗を設けている。その国々独自の素材、生産方法と職人を最大限に尊重したモノづくりを追求する同社の姿勢は、先進国の消費者からの共感を得ている。

　近年、日本を含めて、SDGs（持続可能な開発目標）が世界的に注目を集めている。同社はまさにその最先端を走ってきた。途上国への経済援助、多様な社会との共生を目指す創業理念から始まり、市場でファンを増やしていきながら持続的な経営を実現しているビジネスモデルは国内外からの賞賛を得ている。

└───

第12章

4 　おわりに

　前章で述べたように、国のイメージは日常の消費者行動や旅行行動だけでなく、投資や輸出入、国の外交政策にまで影響を及ぼす重要な概念である。本章では、二次データからみた国のイメージ、米韓両国からの文化受容、および実際の輸入状況についてみてきた。さまざまな切り口からの二次データを入手し、いろんな角度から国のイメージと市場の現状を知ることができた。

　ただ、マーケティングの視点からみて、こうした国のイメージが消費者行動にどういった影響を与えているのか、そしてマーケティング戦略でどう対応すべきかは、二次データだけでは答えが見つからない。ハナとタロウは、これまでの理論の勉強と二次データの分析に基づきながら、一次データを用いた分析が必要だと考えた。

❓ 考えてみよう

①　本章で取り上げた２つの国ランキング指標を比較し、本文中で述べた以外にどのような違いがあるか、その理由は何かについて考えてみよう。

②　良い国のイメージが必ずしも原産国効果を高めるとは限らないようであるが、それはなぜだろうか、第11章で紹介された理論を振り返りながら考えてみよう。

③　自分の周りではどの国の流行文化が受け入れられているか、簡単なインタビュー調査を行って考えてみよう。

主要参考文献

Future Brand Country Index（https://www.futurebrand.com/futurebrand-country-index）

外務省対日世論調査（https://www.mofa.go.jp/mofaj/gaiko/culture/pr/yoron.html）

ピュー・リサーチ・センター（https://www.pewresearch.org/）

言論NPO（https://www.genron-npo.net/）

高島勝秀「冷凍食品市場の現状」『三井物産戦略研究所経済レポート』2014年12月8日号。（https://www.mitsui.com/mgssi/ja/report/detail/1221247_10674.html）

次に読んで欲しい本

☆グローバル・マーケティングについて、詳しく学ぶには。

　小田部正明・栗木契・太田一樹編著『１からのグローバル・マーケティング』碩学舎、2017年。

☆アジアでの日本企業のグローバル・マーケティングについて、詳しく学ぶには。

　川端基夫『消費大陸アジア：巨大市場を読みとく』筑摩書房、2017年。

第 **13** 章

分析から導かれる
国際マーケティング戦略

第1章
第2章
第3章
第4章
第5章
第6章
第7章
第8章
第9章
第10章
第11章
第12章
第13章
第14章
第15章

1 はじめに

　第11章と第12章では、マーケティングにおける原産国効果に関する理論を学び、二次データを用いて国のイメージを見てきた。

　ここでもう一度、ハナとタロウの課題を思い出してみよう。ハナは韓国化粧品メーカーの、タロウはアメリカの冷凍食品メーカーの、日本でのプロモーションをそれぞれ担当している。本章では、2人の課題を念頭におきながら、データ分析を通して実務レベルのマーケティング戦略のための示唆を得ることを目標とする。

　原産国のイメージは、本当に消費者の態度（好き嫌いの程度）や行動に影響しているだろうか？　影響するとしたら具体的にどういった要素が、どのくらい影響するだろうか。製品カテゴリーや産業によってその影響は異なるだろうか？　これらの疑問に対して、ハナとタロウと一緒に，回帰分析から答えを探ってみよう。

2 文化受容と消費者行動に関する仮説導出

◆ これまでわかったこと

　データ分析に入る前に、これまでわかったことを整理してみよう。

　まず国のイメージにはマクロとミクロの2つの要素があり、認知的、感情的、および規範的な側面から消費者行動に影響を与える。しかし、これらの影響は常に一定ではなく、製品カテゴリーとの整合性によって異なってくる。したがって、製品カテゴリーの特性を理解し、カテゴリー間の違いに十分留意する必要がある。また、国のイメージと製品イメージは、国と企業など多様な主体による活動によって、相互に影響しながら絶えず変化する。そして、こうしたイメージの形成や変化を促す要因の1つが外国文化の受け入れである。

　国のイメージの測定にはさまざまな方法があり、1つの調査結果を鵜呑みにしないで、その測定方法も把握した上で総合的に吟味する必要がある。日本における米韓両国のイメージを詳細に見ると、アメリカの国、人、および風習や流行・文化な

どには全般的に前向きなのに対して、韓国については、全体的にネガティブなイメージが多いなかで、流行文化や食文化などに関心がある場合はポジティブなイメージにつながることがようである。したがって、市場全体としてだけでなく、セグメント間の違いにも注目することが重要である。

◆ 仮説を考える

　ハナとタロウは、米韓両国の原産国イメージが消費者の態度や行動に及ぼす影響について、いくつかの仮説を考えてみた。

　まず、原産国イメージは本当に消費者の態度や行動に影響を与えているのだろうか？　自身を振り返ってみると、タロウはアメリカについて、活力に満ちていて技術力が高く、イノベーティブな印象を持っているため、アメリカの製品やサービスについておおむね好意的に受け止めている。同様に、ハナにとって韓国のイメージはとても良く、韓国の化粧品やファッションはおしゃれでかわいい上に、値段も手ごろなものが多い。こうしてみると、原産国イメージは消費者行動に影響していると思えるが、アメリカと韓国とでは、影響の仕方が異なりそうである。

　そして、原産国イメージの詳細やその消費者行動への影響は、セグメント間で大きく異なることも考えられる。背後には性別や年齢、現地訪問経験などさまざまな要因があるだろう。また、文化の受け入れの状況も重要である。ハナとタロウは話し合いの中で、アメリカ好きの人よりも、韓国好きの人の方が、熱量が大きく、コンテンツ視聴や実際の消費者行動でも積極的になっていることに気が付いた。

　さらに、同じ原産国イメージでも、製品カテゴリーによって影響する具体的なイメージや度合いに差がありそうである。例えば、ハナは韓国の化粧品やファッションには興味を持っているが、スマホは買ったことがない。タロウもそういえば、アメリカを旅行したり、インテリアはアメリカンスタイルを真似したりするが、それ以外の場面ではあまり意識したことがない。このような違いはどこから来るのだろうか？

　いろいろな疑問が次から次へと浮かぶなかで、2人はこれらをデータで検証してみようと思った。なお、ここからのデータ分析は、付属するデータセットを使うことにする。データセットは章末にあるリンクからダウンロード可能である。

3 回帰分析で学ぶデータ分析

◆ データセットの概要

　データの概要は次のとおりである。調査時期は2021年９月、調査対象者は日本の都市圏在住の20代〜60代までの消費者計1,200名である（このデータは架空のデータではなく本章の筆者が実際に収集したものである）。普段どのようなコンテンツを最も好むかという質問に対して、アメリカあるいはイギリスなど英語圏発（以下、英米）コンテンツ、韓国コンテンツ、外国コンテンツに興味がなく日本国内のコンテンツのみを好む，といった３つの層からそれぞれ400名ずつ集めた。なお、バイアスを回避するため、本人の国籍、および両親・祖父母の国籍に、アメリカ、あるいは韓国が該当するサンプルは事前に取り除いている。

　調査方法は、楽天リサーチという調査会社のパネルを使ったインターネット調査である。近年、消費者行動研究の調査では便宜的にインターネット・パネルを用いることが多い。そのため、集めたサンプルがどのようなものなのかを把握し、その特徴と限界をよく理解した上で、データ分析と結果の解釈を行う必要がある。サンプルのバイアスについての詳細な説明はColumn14－1を参照されたい。

　データセットのサンプルの概要は、**表13－1**で示す通りである。接触する外国文化コンテンツによるサンプル構成の違いをよく観察しよう。

　データセットの設問は主に４つの部分に分かれる。
　　①　回答者の基本属性
　　　　✓人口統計情報、日常のメディア接触
　　②　英米および韓国の文化に対する受容状況
　　　　✓相手国の人々や文化/ライフスタイル全般への関心、製品や広告などの接触、文化的コンテンツの接触
　　③　日米韓の原産国のイメージ
　　　　✓品質、コストパフォーマンス、技術力、革新性、スタイリッシュさ、デザインのよさ

【表13-1　サンプルの概要】

		日本コンテンツ		英米コンテンツ		韓国コンテンツ	
		人数	%	人数	%	人数	%
男性	20代	6	1.5%	8	2.0%	3	0.8%
（N=551）	30代	44	11.0%	41	10.3%	7	1.8%
	40代	70	17.5%	52	13.0%	8	2.0%
	50代	86	21.5%	79	19.8%	27	6.8%
	60代	44	11.0%	61	15.3%	15	3.8%
	合計	250	62.5%	241	60.3%	60	15.0%
女性	20代	18	4.5%	28	7.0%	80	20.0%
（N=649）	30代	36	9.0%	52	13.0%	83	20.8%
	40代	46	11.5%	35	8.8%	66	16.5%
	50代	30	7.5%	30	7.5%	75	18.8%
	60代	20	5.0%	14	3.5%	36	9.0%
	合計	150	37.5%	159	39.7%	340	85.0%

④　日米韓をめぐる消費者の態度/行動
　✓各国の食べ物やドリンク類、ファッション、アクセサリー、化粧品の購買頻度
　✓各国の家電、スマホに対する購買意向
　✓各国への旅行意向

　データセットをダウンロードしたら、具体的にどのような変数があるか、どういった質問項目を用いているか、よく確認しよう。データの準備ができたら、いよいよ回帰分析に入る。

◆ 回帰分析の概要

第13章

　回帰分析とは、変数間の関係について、説明したい要素に対して他の要素がどの程度、影響を与えるかを分析するデータ分析の手法をさす。消費者行動の分析では、消費者の態度（好き嫌いの程度）や行動の説明や将来の予測に役立つ。

　さまざまな種類がある回帰分析だが、ここでは最も基礎となる単回帰分析と重回帰分析のやり方について解説する。回帰分析では、説明したい結果側の数値 y を「従属変数」、それに影響を及ぼす原因側の数値 x を「独立変数」という。1つの独

立変数のみを用いて従属変数を説明する場合は単回帰分析、2つ以上の独立変数を
用いる場合は重回帰分析となる。一般的に、1つの独立変数による従属変数を説明
する力は限られるため、単回帰分析より重回帰分析がより多く使われる。賃貸マン
ションの家賃がどのように決まるのか、という例で考えてみると、従属変数は家賃
になる。この家賃に影響を及ぼす要素としての独立変数は「面積の広さ」だけに絞
るより、「築年数」や「最寄駅からの距離」、当該地域の「地価」など複数を設けた
方が、家賃をより正確に予測しやすいのは想像しやすいだろう。

　回帰分析についての統計学の説明は第15章で行うので、そちらも併せて読もう。
以下ではエクセルを用いた分析の仕方について重点的に解説する。

【図13‐1　単回帰分析と重回帰分析のイメージ】

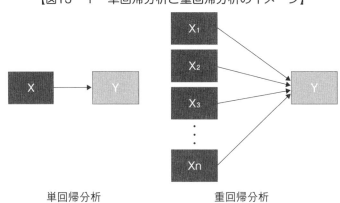

注：Xは独立変数（影響を及ぼす変数）、Yは従属変数（説明したい変数）を意味する

◆ データ検証のための仮説に落とし込む

　回帰分析を行うためには、変数間でどのような関係があるかを事前に想定して仮
説を提示する。仮説を生み出すには、まず従属変数として、消費者のどういった態
度や行動を説明したいか、自身の課題や研究の目的に合わせて設定する。次に、こ
の従属変数に影響を及ぼすと想定される原因側の要素、つまり独立変数を選ぶ。最
後に、両者の間にどういった関係が想定されるかを検討し、仮説を導き出す。

　ハナとタロウは、上で考えたいくつかの仮説のうち、まずは最初の仮説－原産国
イメージと消費者の態度や行動との関係－に注目して検証してみようと思った。

データセットを眺めながらどの変数を用いるか検討する。最初に従属変数についてみてみる。ここはとりあえず、韓国の化粧品の購買頻度にした。次に、原産国イメージでは、「品質が高い」と「コストパフォーマンスが高い」の2項目を独立変数として選んだ。また、タロウから、化粧品をめぐる消費者行動は男女間で大きく異なるのではないかという意見があり、性別も独立変数に加えることにした。

改めて、データ検証のための仮説に落とし込むと次のようになる。

単回帰分析用に独立変数を1つに絞る。

　　仮説①：韓国の原産国イメージで、コストパフォーマンスが高いほど、韓国化
　　　　　　粧品の購買頻度は高くなる。

重回帰分析用に独立変数を複数（ここでは3つ）設定する。

　　仮説②：韓国の原産国イメージで、品質が高いほど、コストパフォーマンスが
　　　　　　高いほど、そして女性は男性より、韓国化粧品の購買頻度は高くなる。

では、これらの2つの仮説について回帰分析で検証してみよう。回帰分析を行うためには、Excelで分析ツールをアクティブにする必要があるが、必要な場合は第15章を参考にするとよい。

◆ 単回帰分析

単回帰分析をエクセルで実行する方法は2通りある。1つは散布図を作成する際の「近似曲線の追加」機能で回帰式を表示させる方法、そしてもう1つは分析ツールの「回帰分析」機能を使う方法である。前者の方が操作がシンプルかつ、視覚的にも優れているが、それだけでは分析の妥当性を評価するため各種指標が得られないため、ここでは後者についてのみ説明する。

単回帰分析の手順は次の通りである。まず、「データ」タブの「データ分析」をクリックする。次に、選択肢の中から「回帰分析」を選んで「OK」を押す。次の回帰分析の設定画面で、「入力Y範囲（<u>Y</u>）」の横に従属変数の数値の範囲（ここでは「韓国化粧品の購買頻度」）を、「入力X範囲（<u>X</u>）」の横に独立変数の数値の範囲（ここでは原産国イメージの「コストパフォーマンスが高い」）を指定する。最後に「OK」を押すと、**表13-2**のような分析結果が出てくる。

第13章

【表13－2 単回帰分析の結果】

重相関 R	0.438808
重決定 R2	0.192552
補　正 R2	0.191878
標準誤差	1.922827
観測数	1200

分散分析表

	自由度	変動	分散	観測された分散比	有意F
回帰	1	1056.263	1056.263	285.688	1.20E‐57
残差	1198	4429.324	3.697		
合計	1199	5485.587			

	係数	標準誤差	t	P－値	下限95%	上限95%	下限95.0%	上限95.0%
切片	0.887412	0.147469	6.017619	2.35E‐09	0.598086	1.176738	0.598086	1.176738
X値1	0.567617	0.033582	16.9023	1.20E‐57	0.50173	0.633503	0.50173	0.633503

　分析結果の解釈について見ていこう。なお、エクセルの分析結果を報告書や論文に記載する際は、数値を四捨五入して小数点以下２～３桁まで示すことが一般的である。

　まず、決定係数とよばれる「重決定R^2」で分析のあてはまりをみる。決定係数は０～１の間の値をとり、基本的に１に近いほどあてはまりが良いとされるが、具体的にどれくらい大きければ良いかについては統一した基準はない。業界や分野によってかなりバラツキがあるが、ハナやタロウが関心を持っている消費者行動の分野では、態度や行動のようなあいまいなものを扱うことが多いため一般的に低い傾向にある。0.5以上あれば十分高く、0.5以下はあてはまりがあまりよくないということになるが、0.2前後あれば許容範囲だと見られる。

　次に、「X値１」の行の「係数」をみる。この数値は、独立変数X1が従属変数Yにどの程度影響を及ぼすかを表す。そして同じ行にある「P－値」は、その影響力が統計的に意味があるかどうかを示すもので、有意確率とも呼ばれる。既に説明した通り、一般的に有意確率が５％、つまりp値が0.05以下なら当該係数は有効と判断される（有意確率についての詳細は第15章を参照）。上の表の「P－値」を見ると、「E－○」という表記があるが、これは「×1/10の○乗」を示すものである。すなわち、ここのp値「2.35E‐09」は、「2.35×0.000000001」ということで、

限りなくゼロに近い数値なので、独立変数Xの影響は有効である。

この結果から得られた回帰式は次の通りとなる。

Y（韓国化粧品の購買頻度）=0.57×X1（コストパフォーマンスへの評価）
+0.89

つまり、コストパフォーマンスの評価が１単位高くなると、韓国化粧品の購買頻度が0.57単位高まるということになる。コストパフォーマンスと化粧品の消費者行動の関係についての仮説は支持されたと言える。したがって，4Psの１つである価格戦略が有効なことがここから示された。このように、データ分析による仮説検証は、モデル全体の有効性を示す指標と個別変数の影響力を示す指標を見て総合的に行わなければならない。

次は、仮説②に基づいて重回帰分析をやってみよう。

◆ 重回帰分析

まず上と同じ手順で「回帰分析」の設定画面を出す。そこで、「入力Y範囲（Y）」の横に従属変数の数値の範囲（ここでは韓国化粧品の購買頻度）はそのまま、「入力X範囲（X）」の横に独立変数の数値の範囲（ここでは「性別」、「品質が高い」と「コストパフォーマンスが高い」）を指定する。「OK」を押すと表13-3のような結果が出てくる。なお、性別のように、カテゴリーを表す変数の場合はダミー変数を用いる。例えば、男性の場合は０、女性の場合は１で表すことで、ほかの量的データと一緒に重回帰分析に用いることができるようになる。

重回帰分析が有用かどうかは「補正R²」という数値をみる。0.38であり、単回帰分析の場合より改善している。

次に真ん中の分散分析表を見てみよう。ここでチェックするのは「有意F」という数値である。これは、独立変数の組み合わせの有効性を表すもので、一般的に0.05未満であれば有効だと判断される。上の表の「有意F」は9.3E-125で、この重回帰分析に用いた３変数の組み合わせは有効である。なお、単回帰分析の場合はこの「有意F」と「P-値」は一致するので、「P-値」だけ見れば良い。

最後に独立変数の影響力について、「X値１」、「X値２」、「X値３」の行を見る。ここで「X値１」は性別、「X値２」は品質、「X値３」はコストパフォーマンスとなっている。これらの独立変数の「係数」は当該独立変数が従属変数に与える影響

第13章

【表13‑3　重回帰分析の結果】

重相関 R	0.618588
重決定 R2	0.382651
補正　R2	0.381103
標準誤差	1.682718
観測数	1200

分散分析表

	自由度	変動	分散	観測された分散比	有意F
回帰	3	2099.066	699.6887	247.1055	9.30E‑125
残差	1196	3386.52	2.831539		
合計	1199	5485.587			

	係数	標準誤差	t	P‑値	下限 95%	上限 95%	下限 95.0%	上限 95.0%
切片	−1.64662	0.184896	−8.90568	1.93E‑18	−2.00938	−1.28386	−2.00938	−1.28386
X値1	1.823602	0.101254	18.01015	2.37E‑64	1.624946	2.022257	1.624946	2.022257
X値2	0.225791	0.03831	5.893747	4.90E‑09	0.150628	0.300954	0.150628	0.300954
X値3	0.316344	0.03508	9.017869	7.44E‑19	0.247519	0.385169	0.247519	0.385169

力の大きさを示し、それが統計的に有効かどうかは、各行の「ｔ」と「Ｐ‑値」で判断する。「ｔ」の絶対値が２以上、「Ｐ‑値」が0.05以下の場合、当該変数の係数は統計的に有効ということになる。今回の分析では、３つの独立変数とも従属変数に対して有効な影響を及ぼしている。

表13‑3の重回帰分析から得られた回帰式は次の通りになる。

$$Y（韓国化粧品の購買頻度）＝1.82×X_1（性別）＋0.23×X_2（品質）＋0.32×X_3（コストパフォーマンス）−1.65$$

この式から、韓国製品の品質とコストパフォーマンスのイメージは、韓国化粧品の購買頻度を高めており、また女性は男性より韓国化粧品を頻繁に購入するということになり、仮説②は支持された。したがって、マーケティングの4Psの製品戦略と価格戦略が有効だと言える。

ここで重要なのは、独立変数をむやみに増やして回帰分析モデルの妥当性指標を上げるだけを追求せず、その根拠やロジックを大切にすることである。また、統計学の説明は第15章で詳細にするが、重回帰分析では複数の独立変数の間に強い相関関係がないことが前提となっている。相関関係が強い複数の変数を用いると分析

結果の信頼性に影響が出るため、そういった場合はどちらかを分析から除く必要がある（Column15－2を参照）。

　上記の重回帰分析では、ダミー変数として独立変数に加えた性別が変数としての説明力が特に高く、タロウの想定通り、男女間で購買行動に大きな違いがあることが示唆された。そこで、サンプルを男女別に分けて、再び重回帰分析を行ってみる。紙幅の理由上、結果の表は載せないが、得られた回帰式は以下の通りである。

　男性サンプル：

　　Y（韓国化粧品の購買頻度）＝0.27×X_1（品質）＋0.15×X_2（コストパフォーマンス）＋0.63

　女性サンプル：

　　Y（韓国化粧品の購買頻度）＝0.23×X_1（品質）＋0.44×X_2（コストパフォーマンス）＋1.44

　各種指標を見ると、「補正R^2」は男性サンプル0.15、女性サンプル0.18、そして「有意Ｆ値」および2つの変数の係数の「Ｐ値」はいずれも統計的に有意である。これらの結果から、男女ともに化粧品の購買頻度は品質とコストパフォーマンスの影響を受けるが，男性の場合は品質の影響をより受けやすく、女性の場合は反対にコストパフォーマンスの影響をより受けやすいことがわかった。このように、サンプルを複数のセグメントに分けて、別々に分析を実施することによって、セグメント間の違いを見ることも可能である。ただし、性別で分けて分析することで補正R^2が大幅に下がっていることに注意してもらいたい。これは、元の重回帰分析において、性別が購買頻度を説明している程度が大きいことを示している。

◆ 仮説導出とデータ分析を繰り返して理解を深めよう

第13章

　ここまでは回帰分析のやり方について学ぶために、ハナと一緒に韓国化粧品を例にしてみてきたが、次は一人でアメリカの食べ物についても検証してみたいとタロウは思った。アメリカの原産国イメージは，アメリカ製品の購買頻度にも影響を与えるのではないか。しかし，具体的なイメージの中では，品質やコストパフォーマンスよりも，技術力や革新性，スタイリッシュなどが影響していると思える。韓国データの結果と比べると，国の違いで興味深い発見があるかもしれない。

　また、第2節で浮かんだ他のさまざまな仮説についても検証すると面白そうである。

　上の分析では原産国イメージのうち、品質とコストパフォーマンスのみを独立変数に用いたが、他のイメージはどうだろうか？　ハナ自身がそうであるように、製品カテゴリーによって消費者行動が異なるため、従属変数を他のカテゴリーに設定すると結果が変わるのではないだろうか？　また、性別以外でセグメントを分けて、セグメント間の違いをみるのも良さそうだ。

　そもそも、韓流ファンがアメリカ好きの人々より積極的に消費活動を行っているように感じた2人は、アメリカと韓国の原産国イメージの全体像を眺めてみようと思った。そこで全サンプルを用いて、アメリカと韓国の原産国イメージの平均と標準偏差を計算してみた。標準偏差とは、データの散らばり具合を表す統計量である（詳細は第15章を参照）。計算結果は**表13-4**に示す通りである。

【表13-4　アメリカと韓国の原産国イメージ】

		品質	コストパフォーマンス	技術力	革新性	スタイリッシュ	デザイン
アメリカの原産国イメージ	平均	3.92	3.99	4.16	4.71	4.64	4.63
	標準偏差	1.15	1.18	1.18	1.23	1.27	1.25
韓国の原産国イメージ	平均	3.31	4.07	3.49	3.82	3.82	3.82
	標準偏差	1.48	1.65	1.51	1.60	1.63	1.65
平均の差の検定	t 値	12.783	−1.429	13.264	16.909	15.260	14.886
	自由度	1199	1199	1199	1199	1199	1199
	有意確率（両側）	0.000	0.153	0.000	0.000	0.000	0.000

　まず平均値をみると、全体的にアメリカの原産国イメージがより高く、経済の発達度合いや日本の世論を考えると妥当のように見える。項目ごとに平均の差の検定をしてみると、コストパフォーマンス以外はp値（両側）が「0.000」となっており、アメリカの原産国イメージは韓国より高いことが統計的にも示された。なお、平均の差の検定の詳細については第10章を参照されたい。次に標準偏差からデータの散らばり具合をみてみると、すべての項目において韓国の方が大きいようである。この理由は何だろうか考えてみよう。

Column13 - 1

韓国No.1化粧品メーカー「アモーレ・パシフィック」の中国展開

　アモーレ・パシフィックは、LGハウスホールド＆ヘルスケアと並んで、韓国を代表する化粧品メーカーである。創業は1945年。最初は海外企業の事業パートナーとして始まったが、徐々に化粧品の製造技術と経験を蓄積し、1954年には韓国国内初の化粧品ラボを立ち上げた。それ以降、積極的なR＆D投資で朝鮮半島の伝統医学（「韓方」と呼ばれる）と現代技術を組み合わせた独自の製品開発戦略を続けるとともに、国内消費者のニーズに合わせた巧みなマーケティングによって順調に事業拡大していった。

　1980年代半ばに、海外からの化粧品輸入規制がなくなり、海外の強豪ブランドと正面対決することになり、しばらく苦境に陥る。そんな中で、同社は国内のニーズに合った製品開発とコミュニケーション戦略を武器に、1990年代に入ってから再び成長の軌道に乗る。1997年のアジア金融危機にも動じず持続的な成長を見せ、2020年現在まで韓国国内No.1の化粧品メーカーとして君臨している。アジア地域全体では日本の資生堂と花王に続く3位となっている。

　同社の海外進出は2002年に中国から始まった。当時、日本の第一次韓流ブームと同時期に中国でも韓国ドラマが人気を獲得し始めていた。同社は韓流スターを起用したプロモーションを積極的に展開し、迅速に認知度を高めた。現地化努力も欠かせず、例えば同社の上級ラインのSulwhasoo（雪花秀）のプロモーションでは、韓方由来の成分を宣伝する際に中韓の歴史と伝統文化のつながりを強調し、中国消費者の心を素早く掴んだ。同社の2020年第3四半期のデータによると、売上の39％、営業利益の35％を海外事業が占めている。全体的にアジア市場の比率がまだ高いが、近年、欧米市場でも韓国文化コンテンツの人気に伴い、韓国化粧品の存在感が高まりつつある。

第13章

　ハナとタロウはこれから、多様な切り口から仮説とデータ検証を繰り返していこうと思った。そうすることで、市場全体や個別のセグメントに対する理解が深まり、今後のプロモーション戦略を練っていく上で参考になるヒントを得られるはずである。

Column13 - 2

「ハーゲンダッツ」 はどこの国のブランドか？

　世界中で販売されており、日本でも長年高級アイスクリームとして大人気のハーゲンダッツのアイスクリームだが、どこの国のブランドだと思われているだろうか？　ブランド名の北欧っぽい文字やその響きから北欧を連想する消費者が多いのではないだろうか？

　しかし、実際にハーゲンダッツは北欧とは何の関係もないアメリカ発祥のブランドである。ハーゲンダッツ（Häagen-Dazs)」という言葉はそもそも意味不明で、いわゆる造語である。このブランドは、創始者のルーベン・マタス氏によって1961年にニューヨークで設立された小さな工房から始まった。現在は、アメリカの大手食品会社ゼネラル・ミルズの傘下に入っている。

　1950年代後半から業界の競争が激しくなり、生き残りをかけたルーベン氏が考案したのが、ブランドのアップグレードであった。製品の品質を上げ、高級アイスクリーム市場に乗り出し、「完璧を目指す」という現在の同ブランドの理念が生まれたのである。当時、アメリカでは、ヨーロッパ、特に北欧のアイスクリームが高品質の代名詞となっていたので、同氏はハーゲンダッツというデンマーク語の響きがするブランド名をつけ、パッケージにもデンマークの地図を印刷することを決めた。こうした工夫によって、同ブランドを高級乳製品の産地として有名だった北欧と結びつけることに成功したのであった。ちなみに、現在ではデンマークの地図はパッケージから消えている。

　このように、まったく関係のない第3の国や地域を意図的にブランドと結びつけることはよく見られるマーケティング戦略の1つである。日本企業の有名な例だと、雑貨ショップのフランフラン（Francfranc)、バッグや小物・ジュエリーを販売するサマンサタバサ（Samantha Thavasa）などがある。ブランドのロゴや音の響きからは日本企業とは思えないが、これらは日本発のブランドである。

4 おわりに

　本章では、第11章の冒頭で提示された課題に沿って仮説導出とデータ分析の実践を行った。

　第Ⅳ部では外国製品をめぐる消費者行動について、原産国イメージと文化受容をキーワードに、インターネット調査データで検証している。しかし最後に述べておきたいのは、異なる視点や調査方法を用いることも当然考えられる、ということである。より深く学びたい場合は、独自で調査票を設計してサンプルを集めることを勧めたい。自ら集めたデータを分析するプロセスを通じて、より高い学習効果が得られるだろう。

❓ 考えてみよう

① 　本章の重回帰分析で用いた性別以外にも、年齢や収入などさまざまなセグメントの分け方が考えられる。それぞれ仮説を立てて重回帰分析を行って、分析結果について考えてみよう。

② 　化粧品購買行動を従属変数にして、女性サンプルだけに限定して、韓国コンテンツ接触による影響について回帰分析を行って、分析結果について考えてみよう。その際には、韓国コンテンツの接触の有無をダミー変数として回帰式に入れよう。

③ 　主に受け入れられている文化（英米文化か、韓国文化か）によって、国のイメージや購買態度/行動がどう異なるか、平均の差の検定を使って検証して、分析結果について考えてみよう。

次に読んで欲しい本

☆アメリカのMBAで採用されている標準的教科書について、詳しく学ぶには。

　小田部正明、クリスティアン・ヘルセン『国際マーケティング』（栗木契監訳）碩学舎、2010年。

☆国のイメージと消費者行動の関係について、詳しく学ぶには

　寺崎新一郎『多文化社会の消費者認知構造：グローバル化とカントリー・バイアス』早稲田大学出版部、2021年。

第13章

【分析用データのダウンロード】

　本章の分析で使うデータは、ダウンロード専用サイトから入手できます。以下のQRコードを読み取ってダウンロードサイトにアクセスしてください。

https://www.sekigakusha.com/data/1st_32

第 V 部

理論とデータで世の中を説明する

第**14**章

データ収集の方法

第1章
第2章
第3章
第4章
第5章
第6章
第7章
第8章
第9章
第10章
第11章
第12章
第13章
第14章
第15章

1 はじめに

　本書の最後となる第Ⅴ部では、これまでの第Ⅰ部から第Ⅳ部で紹介されたデータ収集の方法や分析方法を改めて説明し、より発展的な学習につなげることを目的としている。第14章ではデータの種類と収集方法について、第15章ではデータ分析手法についての数式を用いた説明を行う。

　本章では、データの種類と収集方法について説明する。第Ⅰ部から第Ⅳ部ではさまざまな事例に即したデータ収集の方法が紹介されているが、この章では一般論としてデータの種類や収集方法について説明する。第1章でも述べたように、データ収集の方法は検証したい仮説や理論と密接にかかわっている。また、収集後の分析方法や分析結果にも大きく影響するため、細心の注意が必要となる。例えば、インタビュー調査や質問票調査を実施後に何か質問を追加しようとしても回答者に改めてお願いすることはできない。また、質問の仕方によってはデータ分析のやり方に制約が出るかもしれないし、質問数が多すぎると期待した回答数が集まらないかもしれない。

　したがって、データの特徴や収集のイメージを十分に理解していないと、その後のデータ分析が上手くいかない。本章ではデータの種類や特徴を説明するとともに、レポートや卒業論文を作成する際に参考になる、利用可能なデータが公表されているウェブサイトを紹介する。

2 データの種類

　データというと、数字で表されるものをイメージする方が多いと思われるが、実はデータはそれだけではない。TwitterなどのSNSへの書き込みや、Instagramに投稿される写真、Youtubeの動画もすべてデータである。また、それらの傾向をとらえる検索結果の数や、動画に対するコメントもすべて分析可能なデータとなり得る。これらの例でもわかるように、インターネットがなかった時代に比べてデータの量は爆発的に増えた。2000年から2020年にかけて世界中のデジタルデータの総量は約10,000倍になったと言われている（IDC, 2020）。企業が生み出し利

用しているデータだけでなく、個人がSNSを利用することによって容易にデータを生み出すことができるようになり、調査者はそれを収集することが可能になった。つまり、データ収集は必ずしもインタビューや質問票調査（いわゆるアンケート調査）といったリアルな場での収集だけを意味するのではなく、デジタル空間でダウンロード可能なデータの収集も含んでいる。この章ではマーケティング調査で一般的なインタビューや質問票調査以外にも、インターネットを使ったデータ収集についても説明していきたい。

◆ 一次データと二次データ

　データには、その調査目的のために収集する一次データと、別の目的のために収集されたものが公開されて利用できるようになっている二次データとがある。一次データは、インタビューや質問票調査、実験等を通じて収集される。調査のために収集するので、手間や費用がかかるものの必要なデータをすべてそろえることが可能である。二次データは、誰か（企業や政府・自治体、業界団体など）が何らかの目的で収集したデータで、公表され利用可能なものである。したがって、二次データを使うことはコスト（時間、お金）の節約につながる上に、学生という立場や個人では実現できないような、大規模な調査の結果も利用することが可能になる。

　例えば、市場シェアなどは新聞や雑誌による調査が使えるだろう。上場企業であれば、企業の売上や利益、従業員数といったデータは公表されている。大学が契約しているデータベースを使うことができれば、企業のデータを網羅的に収集することも容易である。『会社四季報』のような出版されているデータも使うことができる。

　このように、分析に使うデータを一次データにするか、あるいは二次データにするかで、作業の量や性質が全く違うものになる。一般的には調査目的に合った二次データが見つかれば、効率性の面で最適である。したがって、一次データ収集を考える前に、二次データを探すことから始めるのが望ましいだろう。一次データと二次データのメリットとデメリットは、**表14-1**のとおりである。

第14章

【表14‐1　一次データと二次データのメリットとデメリット】

	メリット	デメリット
一次データ	・調査の目的に沿ったデータ収集が可能 ・必要なデータがそろっている	・お金や時間がかかる ・個人で収集できるデータ数に限界がある
二次データ	・時間やお金が節約できる ・個人では実施できないような大規模な調査の結果を利用できる場合がある	・調査目的に合ったデータを探すことが難しい ・データ収集方法などの詳細がわからない場合がある

◆ 定性データと定量データ

　データには定性データと定量データがある。定量データは数量的に扱えるデータのことである。定性データは数値として表現できない、定量データ以外のすべてのデータのことである。定量データを量的データ、定性データを質的データということがある。データというと統計的な分析が可能な定量データをイメージすることが多いが、定性データは定量データにない具体的な情報を有しているという点で重要である。また、定性データを一定のルールや共通性にもとづいてカテゴリーに分け、数を数えることで量的に扱うこともできる。

　一般的に、インタビュー等で集めた定性データによって現象の理解を深め、それを質問票に反映し、定量データを収集することが多い。あるいは、定量データを分析し、解釈ができない部分があった場合に、定性データで補うこともある。定量データはある程度の回答者数を集めることが必要になるが、定性データは少数の回答者から深い知見を得ようとする。したがって、どちらか一方が優れているということはなく、目的に応じて使い分けることが必要になる（Column 8 ‐ 1参照）。

　例えば，調査の目的が探索的（事前に仮説が決まっておらず、調査によって要素を特定しようとするもの）であれば、適切な質問項目を作ることができないため、最初に定性調査を選択した方が良いだろう（Column 1 ‐ 2参照）。品質や性能が平均以下で、価格も平均的なAという製品が売れているときに、Aがなぜ消費者から評価されているのか全く見当もつかないとする。その場合には、消費者に対してインタビュー調査をすることが必要かもしれない。あるいは、Twitter等のSNSでAの商品名で検索してみると、購入者の意見を集めることができるだろう。

　反対に、Bという製品が売れている理由を調べたい場合に、価格、品質、性能な

ど、消費者が評価している要素を網羅できるときは、それを質問文に反映させて質問票調査をすることで、定量データを手に入れることができるだろう。インタビュー調査でB製品を評価する点を聞いたとしても、すでに知っている要素（価格、品質、性能など）が出てくるだけで、新たな発見はないかもしれない。定量データによって評価されている要素を数字で比較可能な形で示すことができれば、分析結果の説得力が増すだろう。

　このように、定性データと定量データは相互に補完的な役割があり、研究の目的に応じて使い分けることができることが望ましい。つまり、データ収集は場当たり的に行うものではなく、研究プロセスを計画する段階で、どのようなデータが必要かを考えておくことが望ましい。

3 データの収集

◆ 二次データを探す

　先述の通り、一次データを収集する前に、利用可能な二次データがあるかどうかを確認することが望ましい。二次データは新聞や雑誌といったメディアの出版物だけでなく、インターネットを利用して検索することで収集が容易になる。印刷物の場合には、それをExcelなどに入力する手間がかかるが、インターネット上からダウンロード可能なデータの場合には、Excel形式でそのまま分析に利用することができるものも多い。

　国や自治体、業界団体、企業、調査会社などが公表しているデータにアクセスすることで、必要なデータが揃うこともある。また、企業が有料で情報を提供している場合もある。以下では無料で二次データが入手できるウェブサイトをいくつか紹介する（**表14－2**）。

　e-stat（https://www.e-stat.go.jp/）は、政府統計をすべて収録したポータルサイトである。各省庁は定期的に大規模な調査を実施しており、複数年度にわたりデータや分析結果の概要を見ることができる。なかでも、総務省統計局（https://www.stat.go.jp/）は国勢調査や家計調査、消費実態調査など、消費者の生活を知るためによく使われるデータがある。また、地域間の比較をしたい場合には自治体

第14章

のウェブサイトに多くの情報がある。

【表14 - 2　二次データを入手できるウェブサイト例】

ウェブサイト名	ＵＲＬ	概　　　要
e - stat	https://www.e - stat.go.jp/	政府統計のポータルサイト
総務省統計局	https://www.stat.go.jp/	国勢調査、家計調査、物価調査など
RESAS	https://resas.go.jp/	地域ごとの人口、消費、観光など
V - RESAS	https://v - resas.go.jp/	新型コロナウイルス感染症の地域への影響
自動車工業会	https://www.jama.or.jp/index.html	乗用車市場動向調査
Googleトレンド	https://trends.google.co.jp/trends/	Web検索のキーワードデータ
大宅壮一文庫	https://www.oya - bunko.or.jp/	雑誌記事
リサーチ・ナビ	https://rnavi.ndl.go.jp/rnavi/	国会図書館による「調べもの」サイト

　テーマごとにデータがまとまっているサイトもある。RESAS（https://resas.go.jp/）は経済産業省と内閣官房が提供しているサイトで、地域創生に関わる自治体や企業にとって有用なデータがまとめられている。具体的には、地域ごとの人口や消費関連、観光関連、企業活動関連等のデータがまとめられている。RESAS-API（https://opendata.resas-portal.go.jp/）を使えば、RESAS内で使われているデータを入手できる。また、V-RESAS（https://v-resas.go.jp/）は新型コロナウイルス感染症の地域経済に対する影響に特化したデータ分析を公表している。

　特定の業界について研究する場合には、業界団体が公表しているデータが有用である。例えば自動車業界について調べる場合には、一般社団法人日本自動車工業会（https://www.jama.or.jp/index.html）が公表している乗用車市場動向調査などのレポートが参考になる。

　世の中の流行を、検索された言葉から分析するときには、Googleトレンド（https://trends.google.co.jp/trends/）が利用可能である。GoogleのWeb検索やYoutubeで利用されたキーワードの時系列の変化を調べることができる。同時に検索された関連キーワードや、指定した語句を検索した人が検索した別のト

ピックもわかる。このサービスは、Google検索を利用する世界中のユーザーの
データを地域ごとに表示することができるため、国ごとの違いを可視化することも
できる。

◆ 二次データを探す（定性データの場合）

　定性データに関しても二次データが収集できる。古典的な方法としては、新聞や
雑誌記事に表れる単語から言葉の意味の変遷を調べたり、その単語が出現する数を
数えることで流行を探ったりすることができる。これは上記のGoogleトレンドと
同じように、対象とする単語がメディアでどの程度使われたかを調べることになる。
雑誌が大学の図書館や近隣の図書館にあれば良いのだが、長い期間を分析対象とす
ると、バックナンバーを探すのが難しい。そうした場合には、雑誌を専門にした図
書館である、大宅壮一文庫（https://www.oya-bunko.or.jp/）のWeb OYA-
bunkoが便利である。大学の図書館だけでなく一部の公立図書館でも利用可能な
ので、近隣にあればアクセスしてみると良いだろう。

　インターネットで定性データを収集する場合には、主に文章や写真、動画がそれ
にあたる。消費者向けの調査であれば、SNS上で関連するトピックを検索し、そ
の文章を分析することで、そのトピックに関わるさまざまな側面、例えば評価や意
味、消費の文脈などがわかる。トピックは製品・ブランド名やマーケティング・
キャンペーン、流行の現象など、さまざまなものがあり得る。ハッシュタグ検索を
使えば、Twitterではそれに関連する言葉が、Instagramであれば関連する写真が
表示される。

　例えば、一時期流行したタピオカミルクティーについて、Instagramでハッシュ
タグ検索をすれば、タピオカミルクティーを購入している消費者の写真がたくさん
出てくる。写真を見れば、どのような消費者層が主要なターゲットであったのか、
よくわかるだろう。ただし、注意しなくてはならないのは、SNSを使った検索は、
そのSNSを使っている人たちのデータしか集まらないということである。
Instagramのユーザーは女性が多く、他のSNSと比べると年齢層が若いと言われ
ている。したがって、シニアマーケットについて調べるときにInstagramのハッ
シュタグ検索を使うのは適切ではない。TwitterやFacebookも同様である。サー
ビスごとにユーザーの特徴が異なっているから、どのプラットフォームで調査を行
うかによって、結果に違いが生まれてしまう。こうしたサンプリングに関する問題

第14章

❏ Column14 - 1 ❏

サンプリング・バイアスについて

　サンプリング・バイアスとは、回答者が偏ってしまい、調査対象全体を反映しなくなってしまうことである。研究の対象となっている人たちの中からランダムに回答者が出現してくれることが望ましいのだが、完全にランダムに行うことは極めて難しい。例えば、皆さんが20歳前後の人たちを対象に調査を行うとしよう。その場合には、大学の友人たちが調査に協力してくれるかもしれない。しかしそれは20歳前後の人たちを代表しているのだろうか。文部科学省によれば、2020年度の大学進学率は54.4%である。したがって、大学の友人に頼って回答者を集めていくと、20歳前後の人たちの約半数が回答者に含まれていない。理想的には、100人分の回答が集まったら大学生が55人、それ以外の人が45人となっていることが望ましいが、それを実現するためには調査会社等に依頼するしかないだろう。大学生だけを回答者とした場合には、大学に通っているという共通の特徴が回答の傾向にどのような影響を与えるか、考える必要がある。

　このサンプリング・バイアスの問題は色々なところに潜んでいる。ランダムで回答者を集めたとしても、回答に協力してくれた人と回答を拒否した人の間に、何か違いがあるかもしれない。例えば、年収を聞いたときに、年収が高い人は回答してくれるかもしれないが、年収が低い人は答えたくないかもしれない。こうした傾向があると、回答者の年収の平均値は、真の平均値よりも高くなってしまうだろう。

　駅前で調査を依頼する場合も、その駅がある地域の特徴が反映してしまう。また、電車で通勤・通学をしている人に偏ってしまい、自動車や自転車で通勤している人や、自営業の人の回答が得られないかもしれない。

　このように、サンプリング・バイアスを無くすことは極めて困難である。大事なことは、バイアスを自覚し、それをなるべく小さくしようと努力したり、分析結果を解釈する際にバイアスを考慮することである。

については、本章のColumn14 - 1を参照されたい。

　国立国会図書館は、リサーチ・ナビ（https://rnavi.ndl.go.jp/rnavi/）という、分野を問わない「調べもの」に有用な資料やウェブサイトを紹介している。定量データ、定性データを問わず、自分の研究テーマに近い分野の資料・データにアクセスできる。ぜひ活用していただきたい。

◆ 一次データを集める

　二次データを調べた後に、目的のデータが見つからなかったり、不十分であったりした場合には、自分でデータを集めることになる。一次データを収集することの利点は、必要なデータを適切な形（定性・定量）で集めることができることである。一方、収集に時間とコスト（費用・労力）がかかるため、二次データで研究の目的が達成できない場合に限り、一次データを収集するのが良いだろう。ここでは代表的なデータ収集法として、観察、インタビュー、質問票調査の３つを紹介する。

◆ 観　　察

　一次データを集める方法を説明していきたい。最も簡単な方法は日々の観察である。観察は対象者に何かを尋ねることなく、調査者の基準で記録を取ればよい。例えば、ある店舗の１日の来店客数を調べたければ、開店から閉店まで店舗の入口近くで入店者を数えればよい。また、コンビニエンスストアの出店戦略を調べたければ、地図を用意して一定範囲内のコンビニエンスストアの数を調べたり、店舗周辺道路の人通りを調べたりすることができるだろう。外部から誰でも観察可能な対象であれば良いが、企業をはじめとした集団・組織の内部を観察するためには、当然ながら許可が必要になる。勝手にデータを取って公表することは避けなければならない。

◆ インタビュー

　研究の仮説が定まっていない場合や、質問票調査が難しい質問内容の場合には、インタビューを行うことがある。第７章でハルカとアイが行ったように、インタビューには、調査者と調査相手が１対１で行うデプス・インタビューと、複数の被験者を集めて同時に意見を聞くグループ・インタビューとがある。デプス・インタビューは被験者個人の考えについて詳細に情報収集が可能である。グループ・インタビューと違い、周りの人の影響を受けないため、個人の考えを丁寧に聞き取ることができる。一方、被験者１人当たりにかかる時間が長いため、多数の人の考えを聞きたい場合には労力がかかる。グループ・インタビューでは同じ質問に対して被

験者数名の意見を同時に収集することが可能である。また、与えたテーマに関して被験者同士で議論してもらい、新しいアイディアを生み出すきっかけを探ることもできる。ただし、デプス・インタビューと違って、周りの意見に流されてしまう被験者や、ほとんど発言しない被験者が出ることがある。また、グループ・インタビューを上手に行うためには、調査者がある程度経験を積んでいる必要がある。インタビュー調査は、調査テーマや仮説に対して新たな視点や解釈を与えてくれる可能性があるが、調査者の質問の仕方によっては、被験者の意見が誘導されてしまうおそれもある。

　対面でのインタビューだけでなく、オンラインでやることもできる。ZoomやGoogle Meet、Microsoft Teamsなどのウェブ会議システムが急速に普及したことによって、オンラインで遠方にいる対象者に対してもインタビュー調査ができるようになった。利便性がある一方で、インタビュー中の被験者の環境が管理できないうえに、初対面の調査者と被験者の間に信頼関係を築くことが難しいといった課題もある。

　インタビュー調査においては、対面、オンラインいずれの場合にも、被験者に録音・録画の許可を取り、発言内容を正確に記録することが重要である。調査者が質問に集中するあまり、被験者の発言の詳細を忘れてしまったり、誤って記録してしまう場合がある。録音・録画したデータを文章に起こし、何度も読み返すことで被験者の発言の解釈を慎重に行うことが求められる。

◆ 質問票調査

　最後に質問票調査を紹介する。いわゆるアンケート調査のことである。質問票（アンケート）を作成し、回答者に配布・回収することで、主に定量データを集める調査方法である（自由記述欄を設けることで、定性データも集めることができる）。第6章でも述べたように、この調査では、質問票を作る段階で最も慎重になる必要がある。回答者の属性情報（性別・年齢・居住地域・職業・学歴・収入など）は、回答者のプライバシーと回答のしやすさに配慮しながら、なるべく多く含めておくと、分析を詳細に行うことができる。例えば、回答者全体の傾向だけでなく、男女の違いや居住地域による違いなどについても分析ができるようになる。属性情報が多すぎると、回答者が回答を途中で中断してしまう恐れがあるから、違いが生まれるような情報に限定して収集すると良いだろう。

　調査テーマに関する質問に関しても、第6章で述べたように、回答者が答えやすい質問にすることと、測定したい概念の標準的な質問項目を調べることに留意する必要がある。質問の意味が伝わらない場合や複数の解釈が可能な場合には、意図した回答が得られない。また、分析に使いやすいデータ形式を意識することも重要だ。選択肢の中から1つだけを選ぶのか、あるいは複数回答を認めるのか、Yes/No（ある/ない）のような質問にするのか、質問文に賛成する程度を聞くのか（とてもそう思う〜全くそうは思わない）など、回答方法によって分析のやり方が変わってくる。質問文と回答方法の両方を意識して質問票を作成して欲しい。最後に、質問票全体を通して重複した内容の質問がないか、回答にかかる時間はどの程度かを確認する。重複した質問は回答者の意欲をそいでしまうし、回答に時間がかかる質問票は回収率が下がってしまう。

　質問票調査もオンラインで行うことが可能である。Googleフォーム（https://www.google.com/intl/ja_jp/forms/about/）は、無料で質問票を作成することができ、そのURLを被験者に送れば、質問票を郵送したり手渡したりする手間が省ける。また、スマートフォンでも回答可能なため、回答者は移動時間などを使って気軽に回答してもらえる。集計も自動的に行われスプレッドシート（表）に出力可能である。他にも、機能に制限はあるものの、マクロミル社が提供するQuestant（https://questant.jp/）なども無料で利用でき、回答を集めることができる。手軽さを考えれば、こうしたオンラインのサービスを使うことは有効な手段であると思われる。ただし、作成が容易だからといって、安易に質問票調査をすればよいわけではない。個々の質問項目はGoogle Scholar等を利用して類似したテーマの先行研究を調べながら十分に内容を検討して行うべきである。

　ここまで紹介してきたように一次データのデータ収集には一定の労力が発生する。しかし、自分の研究テーマを明らかにするためには、二次データだけでは不十分な場合も多い（表14-1）。一次データを収集する労力はオンラインサービスの登場によって大幅に低下し、大学生でも十分に実行可能になった。また、データを収集するプロセスを通して、回答者からのフィードバックから新たな仮説を見つけることもある。データ収集を通して、調査の面白さを体験してみるのも良いだろう。

第14章

┌─ **Column14 - 2** ─────────────────────

データ分析を学ぶ意味

　研究のテーマや目的に適したデータを見つけることは簡単ではないが、この章で紹介したように、データを入手すること自体のハードルは下がってきている。スマートフォンやSNSが普及したことで消費者自身がデータをアップロードするようになっただけでなく、データを使った意思決定を後押しする国や自治体、Googleのような民間企業の方針も影響し、二次データはインターネット上で容易に入手可能になった。企業が収集するデータに関しても、スマートフォン用のアプリを消費者にダウンロードしてもらうことで、顧客の購買前後の履歴も含めて入手できるようになった。データの入手が難しかった時代には、データを収集し始める段階には調査の半分が終わった、というような認識もあったようだが、データの入手が容易になった現代においては、データ自体が価値を持つということはないかもしれない。

　また、データ分析も一部が自動化されている。例えば、事前に2つの変数の間の関係を想定していなくても、統計ソフトを使うことによって、大量にある変数の中から相関関係がある2つの変数のペアをほぼ自動的に発見することが可能になっている（相関分析については第Ⅱ部と第15章を参照）。

　こうした状況において、データ収集や分析を学ぶことの意味は何だろうか。それは分析結果が示す結果の意味を知るためと、それがなぜ起きたのかという現象のメカニズムについて考える能力を身に付けるためである。2つの変数の間に相関関係があるという結果が持つ意味と限界について十分に理解していれば、両者に影響を及ぼす第3の変数がないか確かめてみたり、両者が因果関係だとした時のメカニズムを考えたりすることができる（Column 1 - 1参照）。また、両者に相関関係がないからと言って、サンプリングに問題はないか、曲線的な関係があるかもしれない、といったことも頭に浮かぶようになるだろう。こうしたデータを深掘りしていく能力が求められているのである。

──────────────────────────────────────

4　おわりに

　研究のプロセスにおいて、データ収集はデータ分析に直接影響する重要なステップである。どのようなデータを集めるかによって、その後に行われるデータ分析の

内容や質が大きく左右される。しかし、どのようなデータがどこで入手できるのかという情報は極めて少ない。本章ではデータの種類や収集方法といった一般的な知識の他に、社会科学を専攻する学生が利用できる二次データの入手先について紹介した。国や自治体が収集したデータは、回答者が膨大・網羅的で、個人や企業が収集できるレベルを超えた、素晴らしいデータである。もし利用可能なものが見つかれば、Column14 - 1 にあるようなサンプリング・バイアスの問題を気にせずに使うことができる。英語で検索すれば、他国のデータも入手でき国際比較の研究もできる。ぜひこうした公的なデータを使いこなして研究を進めて欲しい。一方、テーマが新しいほど二次データは見つかりにくい。一次データはデータ自体に価値があり、これまで知られていなかった事実を発見するかもしれない。データの特性を理解しながら、研究課題を解決できるようなデータを集めて欲しい。

❓ 考えてみよう

① 本章で紹介されているウェブサイトにアクセスし、データの内容を確認した上で、どのような分析に利用できるか、考えてみよう。

② 定性データと定量データのメリット・デメリットを整理し、自身の研究テーマにとってどちらが望ましいかを考えてみよう。

③ 本章で紹介したウェブサイト以外にどのような二次データがあるか、調べてみよう。

主要参考文献

アミール・D・アクゼル、ジャヤベル・ソウンデルパンディアン『ビジネス統計学 上下』（鈴木一功監訳、手嶋宣之・原郁・原田喜美枝訳）ダイヤモンド社、2007年。

次に読んで欲しい本

第14章

☆Googleフォームの使い方やデータ収集について、詳しく学ぶには。

豊田秀樹編著『紙を使わないアンケート調査入門―卒業論文、高校生にも使える』東京図書、2015年。

☆文献や聞き取りによる情報収集と情報整理について、詳しく学ぶには。

宮内泰介・上田昌文『実践 自分で調べる技術』岩波新書、2020年。

第1章
第2章
第3章
第4章
第5章
第6章
第7章
第8章
第9章
第10章
第11章
第12章
第13章
第14章
第15章

第15章

統計分析の基本的な考え方

1 はじめに

　本章の目的は、第Ⅰ部から第Ⅳ部で紹介された分析手法について解説することである。本書でこれまで紹介した分析手法は基礎的なものであり、表計算ソフトのExcelを使ってデータを実際に分析してみることに主眼を置いている。そのため、第Ⅰ部から第Ⅳ部では分析の数学的な説明はすべて省略している。しかし、本書からデータ分析に興味を持ち、さらに学習を続ける人にとっては一定程度の数学的な理解が不可欠である。本章では統計的な検定の意味や差の検定（ t 検定）、相関係数、回帰分析について説明を行う。統計的な考え方や基本的な分析手法を基礎に、より発展的な分析手法の学習への橋渡しとなることを目的としている。

2 統計的な検定の意味

　e-stat（政府統計ポータルサイト）にある、国民健康・栄養調査の2018年のデータを見ると、20歳男性の平均身長は169.1センチメートル、20歳女性の平均身長は157.0センチメートルである。両者は統計的に差がある（より厳密にいえば、差がないとは言えない）と言えるだろうか。平均値だけを見れば、169.1と157.0には12.1の差がある。ここで問題なのは、「統計的に」という言葉である。

　データを見ると、20歳男性の平均は15人の身長データで、20歳女性の平均は17人の身長データでそれぞれ計算されている。また、19歳のデータを見ると男性20人の平均は174.0センチメートル、女性15人の平均は156.6センチメートルであり、20歳男女の平均と異なっている。男性に関しては約5センチメートルも差がある。2018年当時の19歳と20歳との間で成長期に栄養状態が異なっていたと考えるのは難しく、20人程度の平均値であれば5センチメートル程度の平均値の差はおそらく偶然発生したと考えるのが自然だろう。一方、20歳男女の約12センチメートルの差については、男女で身長差があるのは当たり前だと考える人がほとんどだと思われる。

　統計的に意味があるかどうかを考える上で重要なのは、分析の結果（ここでは平均値を計算した結果）が、偶然発生したものか、あるいは偶然それが生じる確率は

極めて低いため偶然とは言い難いものか、という違いである。後者の場合を統計的に意味のある差（有意な差）と表現する。相関係数も同様である。世の中には偶然相関が発生する事象も存在するが、それらが偶然とは言い難いほど高い相関かどうかを確かめることが統計的な検定である。

　では、偶然か偶然とは言えないかをどのように判断したらよいのだろうか。あいこは数えず、じゃんけんを100回繰り返すことを想像してもらいたい。じゃんけんの勝ち負けは、いかさまや相手の出し手のパターンがわかってしまう場合を除けば、5分5分である。そうであれば、約50回勝ち、約50回負けるのが平均的である。しかし、時には60回も勝ったり35回しか勝てないことも偶然起こり得るだろう。この100回のじゃんけんを、1,000組のペアで実施してみると、50回前後勝つ（負ける）ペアが最も多くなり、40回勝つ（負ける）ペアや30回勝つ（負ける）ペアは急速に少なくなることが想像できるだろう。これを図示すると**図15−1**のようになる。図15−1の横軸が100回じゃんけんの勝利数、縦軸はそれが起きたペアの数を示している。

【図15−1　100回じゃんけんを1,000ペアで実施した場合の勝利数とペア数】

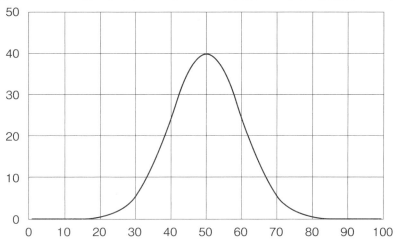

　図15−1からわかるように、50勝のペアが最も多くなるものの、60勝（または40勝）は多くはないが珍しくはない、70勝（または30勝）はかなり珍しい、80勝（または20勝）はほとんど起こらないということがわかるだろう。ここで偶

然には起こりそうにもない水準を慣例的に5％とすると、70回以上勝つ場合と30回以下しか勝たない場合が5％に含まれる。つまり、ペアで100回じゃんけんをしたときに、70回以上勝ったり、30回以下しか勝てなかったりする場合には、偶然では5％以下でしか起きない事象であるため、偶然とは言い難いと推測する。これは統計的に5％で有意と表現される。反対に、95％の確率に含まれてしまう31勝以上69勝以下であれば、勝率が5分5分のじゃんけんでも偶然起こり得る範囲であると判断される。

　偶然に5％の確率で生じるのであればまだ偶然である可能性を捨てきれないという場合には、さらに厳しい水準で考えることもできる。慣例的に1％の水準で考えると、76回以上勝ったり、24回以下しか勝てない場合が含まれる。ここまでくると5分5分の勝率のじゃんけんではほとんど起きることがないため、相手のパターンを読んでいる（あるいは相手に読まれている）か、いかさまが疑われることになる。

　なお、図15-1のようなグラフを書くためには、平均値の他に、勝利数の散らばりの大きさを表す標準偏差を指定する必要がある。この例では標準偏差を10と仮定して議論しているが、標準偏差の値を変えればグラフの形が変わり、有意になる勝利数も変わる（**図15-2**）。散らばりが大きくなることで、5分5分のじゃんけんであっても80勝（80敗）のペアも一定数現れることになる。標準偏差については3節で説明する。

【図15-2　標準偏差20の場合の勝利数とそれが起きるペア数】

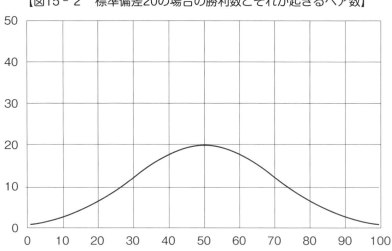

3 分析手法の解説

◆ 基本統計量

　前節のじゃんけんの事例にもあったように、平均や標準偏差などを基本統計量と呼んでいる。平均はデータの合計をデータ数で割った値である。類似したものとして、中央値（データを大小の順に並べて、ちょうど真ん中にある値）や最頻値（データの中で最も頻繁に現れた値）がある。厚生省が公表している2019年国民生活基礎調査によれば、2018年の１世帯当たりの日本の所得額の平均値は約552万円、中央値は約437万円である。これは全体の平均を引き上げる高所得者が少数いる一方で、平均以下の世帯が数多くいることを示している。このように、図15‐1や図15‐2のような左右対称な分布であれば平均値と中央値が一致するが、分布が偏っている場合には、中央値を確認することも重要である。なおエクセルでは、平均はAVERAGE、中央値はMEDIAN、最頻値はMODEという関数で求められる。

　標準偏差のようなデータの散らばりを表す統計量についても説明したい。例えば、体重40キログラムの人と80キログラムの人の平均体重は60キログラムである。同様に50キログラムの人と70キログラムの人の平均体重も60キログラムであるが、前者は後者に比べてデータの散らばりが大きい。平均値だけで表現すると前者と後者は同じ値になってしまうので、データの特性を表すためには不十分である。散らばりを表す指標は、分散と標準偏差が一般的である。分散は、それぞれのデータの値と平均値との差を２乗し、それらをすべて足し合わせ、「データ数−1」で割った数である。式で書けば、以下のようになる

$$s^2 = \frac{\sum_{i=1}^{n}(x_i - \bar{x})^2}{n-1}$$

s^2が分散、nがデータの数、$\bar{x}$が平均値である。この式の分子の意味は、$(x_i - \bar{x})$が各データの値と平均値との差（偏差）である。偏差はプラスとマイナスの値が混在するため、そのまますべてを足し合わせるとゼロになってしまう。したがって差を２乗した値（偏差平方）を足し合わせた値を使う（偏差平方和）。この散らばり

第15章

219

の大きさをデータの数で割ると偏差平方の平均が求められるのだが、統計学では「データ数－1」で割ることが多い。

　標準偏差は分散の正の平方根の値である。すなわちsが標準偏差となる。なおExcelでは、分散をVAR.S、標準偏差をSTDEV.Sという関数で求められる。

◆ 相関分析

　第Ⅱ部で紹介された相関係数の意味と求め方について説明する。相関係数は2つの変数の間にどの程度の共変関係があるかを示す指数である。Column 1 – 1にも述べてあるが、変数Xが変化するとき、変数Yも変化するような状態を指す。相関係数はこの変数Xと変数Yの関係に一定の傾向が見られるかどうかを－1から＋1の間の数字で示している。

　具体例を挙げて説明してみよう。一般的な傾向として、身長が高いほど体重も重くなる傾向がある。もちろん痩せ型の人もいれば、肥満型の人もいるので、常に正しいわけではない。ただ、ある程度たくさんの人の身長と体重を調べ、それを散布図として図示すれば、右肩上がりの傾向が見て取れるだろう。これが正の相関（相関係数が正の値）と呼ばれる状態である。

　反対に負の相関が見られることもある。例えば、価格と販売数の関係を調べてみれば、一般的には価格が上がれば販売数は少なくなる。価格を横軸、販売数を縦軸に取り、価格を変化させたときの販売数を散布図に書けば、右肩下がりの傾向が見て取れるだろう。この状態が負の相関（相関係数が負の値）である。相関係数がゼロの場合には、2つの変数の間に直線的な関係がないことを示している。また、相関係数が＋1のときは右肩上がりの直線の関係であり、－1のときは右肩下がりの直線の関係になる。

　相関係数を求めるためには、共分散を求める必要がある。変数Xと変数Yの共分散とは、X全体の平均と個々のXのデータとの差（Xの偏差）と、Y全体の平均と個々のYのデータとの差（Yの偏差）とを掛け、それの平均（期待値）が共分散である。

$$Cov(X, Y) = E[(X - \bar{X})(Y - \bar{Y})]$$

　この共分散もXとYが同じように動く場合には正の値、XとYが逆に動く場合には負の値、XとYの動きに直線的な関係がない場合にはゼロになる。この共分散の

値をXの標準偏差（s_X）とYの標準偏差（s_Y）とで割ることで、−1から＋1の間で表現したものが相関係数（r）になる。

$$r = \frac{Cov(X,\ Y)}{s_X s_Y}$$

共分散や相関係数も、Excelを使えば簡単に計算できる。共分散はCOVARIANCE.S、相関係数はCORREL、あるいはPEARSONという関数を使い、2つのデータの範囲を指定すれば良い。

2つの変数のペアがあれば、どのような組み合わせでも相関係数が計算できる。重要なのは偶然生じた相関かどうかを区別することである。これが相関分析と呼ばれるものである。考え方は第2節で述べた100回じゃんけんの話と全く同じである。真の r の値がゼロ、すなわち2つの変数の間に相関関係はない場合でも、観測したデータを使って計算すると相関係数が正や負の値で導かれることがある。反対に、正でも負でも強い相関があれば偶然起きたとは考えにくいし、大量のデータから導かれた相関係数であれば小さな相関係数でも偶然とは言えないかもしれない。

導かれた相関係数が有意かどうかを検定するためには、以下の方法がある。まず検定統計量 t を求める。

$$t = \frac{|r|\sqrt{n-2}}{\sqrt{1-r^2}}$$

この値を求めるエクセルの関数はないので、セルに式を入力することになる。相関係数の絶対値を表す$|r|$は、ABSという関数で、平方根はSQRTという関数で求められる。セルには、「＝ABS(r)SQRT(n−2)/SQRT(1−r^2)」と入力すれば良い。この t の値が分布のどの位置かを確認するために、T.DIST.2Tという関数を使う（両側検定）。出力された数字はp値と呼ばれ、上記の式で導かれた t 値がどのくらいの確率で生じるかを示している。p値が0.05より小さい場合には、相関係数 r が5％水準で統計的に有意であるという。p値が0.05よりも大きい場合には、導かれた r の値はゼロと等しいと判断され、XとYの間には相関がないと判断される。なお、ここでは0.05（5％）を基準にしているが、より厳しい基準で0.01（1％）とする場合もあれば、より緩い基準で0.1（10％）とする場合もある。

なお、Column 1 − 1 でも述べたように、相関関係と因果関係は同じではない。XとYが共変していることの確認にはなるが、因果関係には他にも原因の時間的先行と、その他の条件が一定という条件が必要である。特に後者の条件を慎重に確認する必要がある。また、相関係数は直線の関係について調べている。二次関数のよ

第15章

うな上に凸、下に凸のような関係や指数関数的な関係の場合、ＸとＹの間に相関関係はないとしても、ＸとＹは一定の関連性があると言えるだろう。こうした直線以外の関係を確かめるためには、相関係数を計算するだけでなく、散布図を描いてみることが重要である。

◆ t 検定

第Ⅲ部で利用された、平均値の差を検定する方法について紹介する。本章の第2節で示した身長のデータのように、男女という2つのグループの差が統計的に有意かどうかを確かめたいとする。このとき t 検定を行うことになる。統計量 t を求める式は以下のようになる。

$$t = \frac{\overline{x}_1 - \overline{x}_2}{\sqrt{\dfrac{(n_1-1)s_1^2 + (n_2-1)s_2^2}{n_1+n_2-2}\left(\dfrac{1}{n_1}+\dfrac{1}{n_2}\right)}}$$

式は複雑に見えるがこれを覚える必要はない。各グループ（下付き文字の1と2、男女など）に関して、分散s^2、データ数n、平均値$\overline{x}$がである。この式の意味は、分子は平均値の差を表し、分母は（分散÷サンプルサイズ）の平方根である。ここでいう分散は2つの群（男女など）を合わせた分散である。この意味だけわかれば、これに数字を入れて計算する必要はない。エクセルの分析ツールを使えば簡単にできる。

ただし、Excelの分析ツールを使うためには準備が必要である。Excelを開き、「ファイル」→「オプション」→「アドイン」と選択すると、「アクティブでないアプリケーション アドイン」の中に「分析ツール」がある（「分析ツール」が「アクティブなアプリケーション アドイン」に入っている場合はこの部分の操作は不要である）。ボックスの下の方にある「設定」ボタンをクリックすると、チェックボックスが出てくるはずである。「分析ツール」にチェックを入れて「OK」ボタンをクリックする。これで t 検定が簡単に実行できるようになる。

Excelの「データ」の中に「データ分析」という項目ができているはずである（「ホーム」にある「データ分析」とは異なるので注意すること）。データ分析を見ると、①「 t 検定：一対の標本による平均の検定」、②「 t 検定：等分散を仮定した2標本による検定」、③「 t 検定：分散が等しくないと仮定した2標本による検

Column15‐1

分散分析

　平均値の差を検定する方法としてt検定を紹介したが、3つ以上のグループを比較する場合には分散分析（ANOVA; analysis of variance）を使う。X_1、X_2、X_3という3つのグループの平均値をそれぞれ$\overline{x_1}$、$\overline{x_2}$、$\overline{x_3}$とすると、$\overline{x_1}=\overline{x_2}=\overline{x_3}$とは言えない、ということを示す分析手法である。注意しなくてはいけないのは、$\overline{x_1}$、$\overline{x_2}$、$\overline{x_3}$のすべてが異なることを分析しているわけではなく、すべてが同じ値とは言えない、すなわち1つでも異なる値があるかもしれないことを分析している点である。ここで多くの読者は、なぜ3つのグループ間で3回t検定をしないのか、つまり、X_1とX_2、X_2とX_3、X_1とX_3のt検定をすべてやればよいのではないか、と考えるかもしれない。しかし、有意水準5％の検定を3回やるとそれだけ偶然に5％の領域に入ってしまった、という誤りが起きやすくなる。グループの平均がすべて同じとは言えないことを1回の検定で調べることができれば、それだけ誤りを犯す確率が低くなる。

　分散分析では分析対象となる各グループがすべて同じ母集団から抽出されたと仮定して、X_1、X_2、X_3全体の平均値$\overline{X}$を計算し、それと各グループの平均値である$\overline{x_1}$、$\overline{x_2}$、$\overline{x_3}$との差が、偶然によるデータの散らばりと比べて大きいかどうかを調べる。分散分析で使うF値はグループ間の分散（分子）とグループ内の分散（分母）の比率で表現される。分母、分子とも分散を使うことが分散分析と呼ばれる所以である。検定はF値が大きい場合、つまりグループ間の分散が大きい場合に「$\overline{x_1}=\overline{x_2}=\overline{x_3}$とは言えない」となる。

　Excelで実行する場合には、「データ分析」の中にある「分散分析：一元配置」を選ぶ。出力される表は、各グループの平均や分散を記述した概要と分散分析表である。分散分析表にはF値の分母と分子の値やF値、p値が記載される。$p<0.05$であれば、5％水準で平均値に差があると判断する。なお、本文中の回帰分析の出力画面にあるF値は分散分析のF値と同じである。

定」という3種類がある。

　①一対の標本というのは、同じ対象から得られたデータを比較することを意味している。例えば、スポーツテストの50メートル走で40人が2回ずつ走ったとする。1回目の記録と2回目の記録の平均値を比較する場合、1回目も2回目も同じ人達が走った記録なので、①のt検定が使われる。なお、①を「対応のあるサンプルのt検定」と呼ぶ場合もある。

第15章

　②と③は、男女の身長の差の例にあるような、別々のグループから収集された
データを比較する場合に利用する。2つのグループの分散が等しいかをF検定で調
べてから②と③を選択することもできるが、どちらの場合でも③を選択して問題は
ない。なお、②と③の2標本による検定を、「独立したサンプルのt検定」と呼ぶ
場合もある。

　最後に、Excelの出力の解釈について述べておきたい。3種類のいずれの場合に
も、どちらかが大きいということが前提となっている片側検定と、大小関係を想定
せず単に差があるかどうかを調べる両側検定が存在する。前掲の図15‒1や図
15‒2の釣り鐘型のグラフの右端だけで5％、あるいは1％になる場合を検定す
るのが片側検定、釣り鐘型の左右両端を合わせて5％、あるいは1％になる場合を
検定するのが両側検定である。特に断りがない場合には、両側検定を行っているこ
とがほとんどである。

◆ 回帰分析

　第Ⅳ部で利用された回帰分析について説明する。回帰分析は、原因となる変数X
（独立変数、あるいは説明変数と呼ぶ）が、結果となる変数Y（従属変数、あるい
は被説明変数と呼ぶ）をどの程度説明できるかを測定する分析方法である。独立変
数は複数の場合もあるし、従属変数Yとの関係が曲線（例えば、二次関数や三次関
数の形）の場合もあるが、ここでは最もシンプルな回帰分析、すなわち独立変数が
1つだけで従属変数との関係が直線のものを紹介する。

　ある店舗では広告費を増やして、売上を伸ばしたいと考えていた。この店舗では
過去1年間、1か月あたりの広告費を変動させ、その月の売上との関係をデータ化
していた。データは**表15‒1**、それを散布図に表現したものが**図15‒3**となる。

　図15‒3の散布図を見ると、広告費（横軸）を増やした月には売上（縦軸）が
増え、減らした月には売上が減ることが見て取れる。完全な直線の関係ではないも
のの、右肩上がりの直線的な関係であることがわかる。この直線を式で表すならば、
以下のようになる。

$$y = b_0 + a \times x + e$$

　なお、yが売上、aがxの係数、xが広告費、b_0が定数項、eが誤差項である。
係数aは、広告費が売上に与える影響の大きさ、言い換えれば広告費が1単位変化

【表15‐1　各月の広告費と売上（単位：万円）】

	広告費	売上
1月	50	1,000
2月	45	930
3月	40	910
4月	55	1070
5月	25	600
6月	50	850
7月	45	900
8月	30	800
9月	60	1,100
10月	55	1,030
11月	45	950
12月	40	940

【図15‐3　広告費と売上の関係】

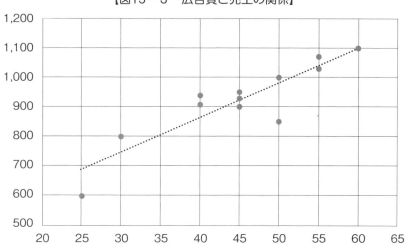

した時の売上の変化量を表している。定数項b_0は広告費 x がゼロの時の売上 y である。誤差項 e とは広告費で説明できなかった誤差を表している。この式の a や b_0 の値が分かれば、広告費を変化させたときの売上が予測できるだろう。これらを導く分析が回帰分析である。最もよく使われる最小2乗法について説明すると、

第15章

225

直線y＝ax＋bに対し、散布図のそれぞれの点からy軸に平行な直線を引く。ある点を（x_0, y_0）とすると、直線の長さは、$d_0 = |y_0 - (ax_0 + b)|$ となる。これを2乗したものをすべての点について計算し、その和Dを最小にするaとbの値を求めるのが最小2乗法である。

$$D = \sum_{i=1}^{n}(y_i - ax_i - b)^2$$

　この計算もExcelを使うことで簡単に実行できる。t検定のところで使った「分析ツール」から、「回帰分析」を選びデータを選択して実行すると、以下の3つの表が出力される。

【図15－4　回帰分析の出力画面】

概要

回帰統計	
重相関 R	0.897
重決定 R2	0.805
補正　R2	0.786
標準誤差	61.958
観測数	12

分散分析表

	自由度	変動	分散	観測された分散比	有意F
回帰	1	158478.261	158478.261	41.283	0.000
残差	10	38388.406	3838.841		
合計	11	196866.667			

	係数	標準誤差	t	P‐値	下限95%	上限95%	下限95.0%	上限95.0%
切片	395.072	84.140	4.695	0.001	207.596	582.549	207.596	582.549
X値1	11.739	1.827	6.425	0.000	7.668	15.810	7.668	15.810

　まずaとbの値を確認する。3つ目の表の「X値1」と書かれた部分の「係数」の値（11.739）がa、同じ表の「切片」の係数がbの値（395.072）となる。これらが統計的に有意、すなわちゼロと見なされない値であるかどうかを検定したものがそれぞれの右側の数字になる。aの値のt値は6.425でp値（確率）は0.001よりも小さな値となっている。したがってaの値は1％水準（$p < 0.01$）

Column15－2

重回帰分析

　本文で紹介した回帰分析は単純線形回帰分析（単回帰）であったが、発展的な内容として重回帰分析を説明したい。重回帰分析は独立変数を2つ以上にした回帰分析である。図15－3はx軸とy軸がある二次元の平面だが、z軸を加えた3次元に散布図が描かれている空間を想像してもらいたい。例えばy軸は売上、x軸は広告費、z軸は月間のセールの日数としよう。この3次元空間に点の散らばりを最も説明するような1本の直線を引くのが独立変数が2つの重回帰分析のイメージである。4次元以上はイメージが難しいが、分析の考え方は全く同じである。

　単回帰と重回帰の違いで注意しなくてはならないことは、独立変数間の関係と結果の解釈である。重回帰分析の独立変数の間には互いに相関がないということを前提としている。相関係数がゼロということは現実的ではないものの、相関が高い場合には注意が必要である。相関が高い場合には多重共線性という問題が生じてしまい、推定された結果が安定しない。多重共線性の有無を確認するための指標として、VIF（Variance Inflation Factor）がある。VIFは次の式で求められる。

$$VIF = \frac{1}{1-r^2}$$

　rは独立変数間の相関係数である。独立変数が3つ以上ある場合には、すべての組み合わせでこのVIFを計算することになる。一般的な目安として、VIFが10を超えると多重共線性を疑い、どちらか一方の独立変数を削除した方が良いと判断する。VIFが10を超えるということは、相関係数rが±0.95程度の高い相関である場合である。

　単回帰と重回帰の違いのもう1つは決定係数である。単回帰の場合には決定係数「重決定R2」を見たが、重回帰の場合は「補正R2」自由度調整済み決定係数を見る。回帰分析に投入する独立変数を増やしていくと少しずつ決定係数は上昇する。自由度調整済み決定係数は独立変数の数の影響を取り除いた決定係数であり、0から1の値を取る。1に近い方が回帰モデルの説明力が高いと言える。

で有意である。

　次に1つ目の表の「重決定R2」と書かれている数は、一般的に決定係数と呼ばれ、この回帰式によってデータの変動がどの程度説明できたかを表す値であり、0から1の値をとる。今回の回帰分析では、0.805、すなわち80％以上を説明できている。図15－3の直線から離れたデータが多ければ決定係数は下がる。なお、

今回は独立変数が１つの回帰分析であるが、独立変数を２つ以上に増やした場合には、「補正R2」、一般的には自由度調整済み決定係数と呼ばれる値を見る。

　最後に２つ目の表の「観測された分散比」、一般的にはＦ値と呼ばれる値と、「有意Ｆ」、すなわちＦ値の検定を見て欲しい。これはa＝b＝0であるかを検定している。どれか１つでもゼロではない場合には有意になる。この分析のＦ値は41.283、検定結果は0.001未満なので、１％水準で有意であり、この回帰式の妥当性が示されたことになる。

　回帰分析は独立変数を複数にして従属変数に対する多様な影響を調べることもできる（重回帰分析と呼ぶ。詳細はColumn15－２を参照。）。また２乗した値を使ったり、対数の値を使うことで、直線以外の関係を調べることができる、極めて重要な分析方法である。これら発展的な分析の基本になるのが、今回紹介した単純線形回帰分析である。分析の考え方とエクセルの出力の見方をよく理解し、発展的な分析にも取り組んでほしい。

4　おわりに

　本章は各部で紹介された分析を、数式を用いながらその意味を解説した。数学に苦手意識がある読者には少々読みづらい部分があったかもしれないが、式自体よりも式の意味の方が重要であるから、式の意味を解説した文章を理解することに努めて欲しい。

　序文で述べたように、本書は大学生を主な読者に想定し、独力でレポートや卒業論文が書けるようになることと、それに必要な分析能力を身に付けてもらうことを目標としている。この目的から考えると本章の内容は発展的内容であるが、さらに学習を深めていくための入口として位置づけられる。データの入手が容易になった現在、データからいかに有用な知見を生み出すかが問われるようになっている。本書で学ぶ内容は、大学に限らず、ビジネスにおいても求められる基本的なスキルと言える。

❓ 考えてみよう

① マスメディアは定期的に政党や内閣の支持率を公表する。支持率が前回調査と比べて数パーセント変化したことは、統計的に意味があるか、考えてみよう。

② 上記の問題を解決するためにはどのような分析を行えばよいか、考えてみよう。

③ 第6章でダウンロードした満足度調査のデータを使って、重回帰分析をやってみよう。

主要参考文献

アミール・D・アクゼル、ジャヤベル・ソウンデルパンディアン『ビジネス統計学上下』（鈴木一功監訳、手嶋宣之・原郁・原田喜美枝訳）ダイヤモンド社、2007年。

次に読んで欲しい本

☆Excelを使ったデータ分析について、詳しく学ぶには。

末吉正成・末吉美喜『EXCELビジネス統計分析（第3版）』翔泳社、2017年。

☆発展的な分析手法について、詳しく学ぶには。

恩藏直人・冨田健司編著『1からのマーケティング分析（第2版）』碩学舎、2022年。

第15章

索　引

■編著者紹介

古川　一郎（ふるかわ　いちろう）
一橋大学　名誉教授、武蔵野大学　経営学部　教授。博士（商学）。
専門はマーケティング。
主な著書として、『マーケティング・リサーチのわな』（2018、有斐閣）、『超顧客主義』（2013、東洋経済新報社、共著）、『マーケティング・サイエンス入門』（2011、有斐閣、共著）、『地域活性化のマーケティング』（2011、編著）『反経営学の経営』（2007、東洋経済新報社、共著）『デジタルライフ革命』（2001、東洋経済新報社、編著）などがある。

上原　　渉（うえはら　わたる）
一橋大学　大学院経営管理研究科　准教授。博士（商学）。
専門はマーケティング、消費者行動。特に日本企業のマーケティング組織やアジアにおけるマーケティングについての研究。
主な著書・論文として、『日本企業のマーケティング力』（2012、有斐閣、共著）や『新興国市場と日本企業』（2018, 同友館、分担執筆）、マーケティング成果指標の研究（"The use of marketing and financial metrics in Japanese firms," （2021、共著）、アジアの消費者行動研究（"Foreign food consumption as an extraordinary experience: A comparative study on the perceived value of Japanese and Thai consumers," 2020、共著）、ICTとマーケティングに関する考察（「ポリモルフィック・マーケティング：情報通信技術による価値創出へのアプローチ」、2017年）などがある。

執筆者紹介 (担当章順)

古川　一郎（ふるかわ　いちろう）……………………………………………………序　文
一橋大学　名誉教授、武蔵野大学　経営学部　教授

上原　　渉（うえはら　わたる）
……………………………第1章、第5章、第6章、第7章、第14章、第15章
一橋大学　大学院経営管理研究科　准教授

鎌田　裕美（かまた　ひろみ）………………………第2章、第3章、第4章
一橋大学　大学院経営管理研究科　准教授

飯島聡太朗（いいじま　そうたろう）………………第5章、第6章、第7章
共立女子大学　ビジネス学部　専任講師

薗部　靖史（そのべ　やすし）………………………第8章、第9章、第10章
東洋大学　社会学部　教授

金　　春姫（きん　しゅんき）………………………第11章、第12章、第13章
成城大学　経済学部　教授

1からのデータ分析

2022年9月25日　第1版第1刷発行

編著者	古川一郎・上原渉
発行者	石井淳蔵
発行所	㈱碩学舎

〒101-0052 東京都千代田区神田小川町2-1 木村ビル 10F
TEL 0120-778-079　FAX 03-5577-4624
E-mail info@sekigakusha.com
URL https://www.sekigakusha.com

発売元　㈱中央経済グループパブリッシング

〒101-0051 東京都千代田区神田神保町1-31-2
TEL 03-3293-3381　FAX 03-3291-4437

印　刷　東光整版印刷㈱
製　本　㈲井上製本所

ISBN978-4-502-43641-3　C3034